APPLICATIONS et TRANSFERTS

Collection dirigée par Marcel DIKI-KIDIRI

Le chercheur scientifique apparaît - et se pense volontiers - comme un spécialiste du savoir, de la connaissance dans sa totalité, de la science universelle, même si pour officier dans ce temple de Thot, il lui faut aujourd'hui se contenter d'une seule arcane : sa spécialité.

Or, pour que l'humanité entière progresse dans la voie de la connaissance et du savoir-faire, condition nécessaire à son épanouissement, il est indispensable que la somme des connaissances et des technologies, non seulement accumulées mais encore épurées et éprouvées dans les laboratoires de recherche et le cercle des spécialistes, soient ensuite mises à la portée du plus grand nombre, grâce à de multiples applications pratiques et à une vulgarisation soignée qu'il ne faut pas confondre hâtivement avec une simplification abusive.

Si cela est vrai pour toutes les sciences, cela l'est encore plus pour les sciences de l'homme et de la société, dont le propre est d'observer l'humain dans sa vie quotidienne, privée et publique, dans son milieu naturel, afin d'en tirer des enseignements.

Il est bien rare que l'homme observé, l'homme du terroir, bénéficie des résultats de l'observation, surtout lorsque ceux-ci sont livrés sous forme de thèses, de communications à des colloques internationaux, de publications d'un niveau technique si élevé que seuls les spécialistes peuvent s'y retrouver.

C'est pourquoi la collection "Applications et Transferts" se propose, à son échelle et dans la limite de ses moyens, de contribuer à la vulgarisation des fruits de la recherche scientifique, à la promotion de leur application parmi les populations étudiées, à la diffusion des langues et des civilisations à tradition orale, par tous les moyens techniques dont elle dispose.

Folle entreprise ! Mais tout le monde sait qu'il n'est pas nécessaire d'espérer pour entreprendre, ni de réussir pour persévérer. Alors, souhaitons-lui bonne chance.

Marcel DIKI-KIDIRI

KUA TÎ KÖDÖRÖ
LE DEVOIR NATIONAL

AGENCE DE COOPÉRATION CULTURELLE ET TECHNIQUE

(A. C. C. T.)

EGALITÉ, COMPLÉMENTARITÉ, SOLIDARITÉ

L'Agence de Coopération Culturelle et Technique, organisation internationale créée à Niamey en 1970, rassemble des pays liés par l'usage commun de la langue française à des fins de coopération dans les domaines de l'éducation, des sciences et des techniques et, plus généralement, dans tout ce qui concourt au développement des Etats Membres et au rapprochement des peuples.

PAYS MEMBRES

Belgique, Bénin, Burundi, Canada, République Centrafricaine, Comores, Côte-d'Ivoire, Djibouti, Dominique, France, Gabon, Haïti, Haute-Volta, Liban, Luxembourg, Mali, Ile Maurice, Monaco, Niger, Rwanda, Sénégal, Seychelles, Tchad, Togo, Tunisie, Vanuatu, Viêt-nam, Zaïre.

ETATS ASSOCIES

Cameroun, Guinée-Bissau, Laos, Mauritanie.

GOUVERNEMENTS PARTICIPANTS

Nouveau-Brunswick, Québec.

APPLICATIONS et TRANSFERTS
—————— 1 ——————

Marcel DIKI-KIDIRI

KUA TÎ KÖDÖRÖ
LE DEVOIR NATIONAL

mbëtï tî hînga na sêndâ lëkëngö-ködörö
introduction à l'instruction civique

KÖDÖRÖSÊSE TÎ BÊAFRÎKA
RÉPUBLIQUE CENTRAFRICAINE

Publié avec le concours de
l'AGENCE DE COOPÉRATION CULTURELLE ET TECHNIQUE

1982

L A C I T O
LABORATOIRE DE LANGUES ET
CIVILISATIONS A TRADITION ORALE
LP 3-121 du CNRS
27, rue Paul Bert - 94204 IVRY (France)
APPLICATIONS et TRANSFERTS

ISBN : 2-85297-147-X

SELAF — 5, rue de Marseille - 75010 Paris
Tél. 208-47-66

KPENDÄ

RÉSUMÉS

Marcel DIKI-KIDIRI - Kua tî ködörö. Le devoir national (Ködörösêse tî Bêafrîka. République Centrafricaine).
1982, Paris, SELAF (Applications et transferts, 1).

Dïngö ïrï na terê tî âfinî yê, mîngi nî töngana alöndö na wandê sï agä, ahûnda taâ kodëkua. Fôko mo zo nî mo hînga yê sô mo yê tî dï ïrï da sô mbîrîmbîrî, sï mo dï ïrï sô alîngbi tî fa ndâ nî na lêgëni na âmbâ tî mo. Fôko mo hînga ngâ yângâ tî ködörö tî mo nzönî, ngâ na hïngängö-ndo tî âzo tî ködörö tî mo, sïmo gi na pöpö tî âgündâ tî tënë tî yângâ nî kûê, lo sô alîngbi tî gä taâ nzönî ïrï tî dï na terê tî finî yê nî. Fôko mo fa ndâ tî ïrï sô mo dï sô na âmbâ tî mo, tîtene âla bâa wala ayeke lêgë nî ?', ngâ tîtene âla hînga ndâ tî kua sô mo sâra, sï amä mo. Kodëkua sô laâ wasüngö mbëtï sô amû lêgë nî na särängö bûku tî kua tî ködörö sô. Lo fa ndâ tî âyê mîngi da, töngana : halëzo, bâda tî halëzo, gbïä, gövörömä, âdakpälë, âkamâ-porosö kömändëmä tî yâködörö, vôte, lêgë tî vötëngö-nî, marä tî dutï na pöpö tî âködörö, t.a.n. Âïrï sô kûê lo sïgî na nî, lo bûngbi nî na yâ tî kêtê bakarî ûse : sängö-farânzi na farânzi-sängö, na ndâ tî bûku nî. Kua nî kûê asâra tîtene wadïköngö-nî ayû-ndo wala abâa pâsi sêngê sêngê pëpëe. Ndâ nî laâ bûku sô ayeke kpëngbä pandë na lêgë tî gïngö âfinî ïrï, ngâ na tî fängö ndâ nî na âzo.

Marcel DIKI-KIDIRI - Kua tî ködörö. Le devoir national (Ködörösêse tî Bêafrîka. République Centrafricaine).
1982, Paris, SELAF (Applications et Transferts, 1).

Il faut une véritable technique pour dénommer des choses nouvelles, surtout quand elles sont importées. Qui s'y met doit d'abord avoir une très bonne connaissance de l'objet qu'il veut dénommer, afin de lui donner un nom qui rende au mieux et au plus juste ses caractéristiques essentielles. Il lui faut aussi acquérir une très bonne maîtrise de sa propre langue, afin de trouver parmi les racines de mots existant dans la langue, celle qui est susceptible de donner la meilleur dénomination pour le nouvel objet à baptiser. Il importe d'expliquer le nom retenu aux autres locuteurs de la langue, d'une part, pour qu'ils puissent juger par eux-mêmes de sa justesse; et d'autre part, pour qu'ils soient mieux disposés à l'adopter, ayant compris le travail et le parcours qui ont conduit à son choix. C'est cette méthode que l'auteur a appliqué dans l'élaboration de ce livre sur le devoir national, où il traite de sujets tel que : le peuple, l'assemblée nationale, le chef, le gouvernement, les ministères, les partis politiques, l'administration locale, les élections, la manière de voter, les types de rapports entre pays, etc. Toute la terminologie utilisée dans le texte a été rassemblée dans deux lexiques, sango-français et français-sango, en fin de livre. Le travail est fait de façon à éviter au lecteur tout égarement et toute perte de temps inutile. Aussi, cet ouvrage est-il un excellent exemple de recherche et de vulgarisation terminologiques.

Marcel DIKI-KIDIRI - Kua tî ködörö. El deber nacional (Ködörösêse tî Bêafrîka. République Centrafricaine).
1982, Paris, SELAF (Applications et Transferts, 1).

Hace falta una verdadera técnica para dar nombres a cosas nuevas, particularmente cuando son importadas. El que lo intente debe tener ante todo un conocimiento íntimo de aquello que quiere nombrar para poder dar un nombre que traduzca lo mejor possible sus características esenciales. Le hace falta igualmente un dominio perfecto de su propio idioma para poder encontrar, entre todas sus raices, las que vayan a servir mejor como nombre del nuevo objeto. Importa explicar el nombre elegido a los otros locutores de la lengua para que, por un lado, puedan juzgar por ellos mismos si está bien escogido, y por otro, para que estén mas dispuestos a adoptarlo, una vez que hayan comprendido las consideraciones que han conducido a su elección. Este es el método que ha aplicado el autor para la elaboración de este libro acerca del deber nacional, donde se trata temas tales como : el pueblo, la asamblea nacional, el jefe, el gobierno, los ministros, los partidos políticos, la administración local, las elecciones, la manera de votar, los tipos de relaciones entre paises, etcétera. Se ha reunido toda la terminología utilizada en el texto en dos léxicos (sango-francés y francés-sango) al final del libro. El trabajo está hecho para evitar que el lector se despiste y pierda inútilmente su tiempo. Esta obra es, pues, un ejemplo excelente de investigación y divulgación terminológicas.

Marcel DIKI-KIDIRI - Kua tî ködörö. National Duty (Ködörösêse tî Bêafrîka. République Centrafricaine).
1982, Paris, SELAF (Applications et Transferts, 1).

Some sort of systematic procedure is required to provide names for new things, particularly when they are cultural imports. Name-giving requires first of all a close knowledge of the thing to be named, if it is to receive a name which will correspond properly to its essential features. A good knowledge of one's native language is also a necessity, if one is to find, among all the language's roots, the ones which are best suited to provide a name for the new object. The chosen name has to be explained to the other speakers of the language, first of all, so that they can decide whether the right name has really been picked, and secondly, so that they will be better inclined to use it, once they have understood how it came to be chosen. This is what the author has done in preparing this book on national duty, where he discusses such subjects as : the concept of the people, the national assembly, the leader, the government, the ministers, the political parties, local administration, elections, voting procedures, kinds of international relations, etc. Two glossaries (Sango-French and French-Sango) containing all the terms used in the text, are provided at the end of the book. Everything has been done to keep the reader on course and avoid loss of time. This work is thus an excellent example of the popularization of terminological research.

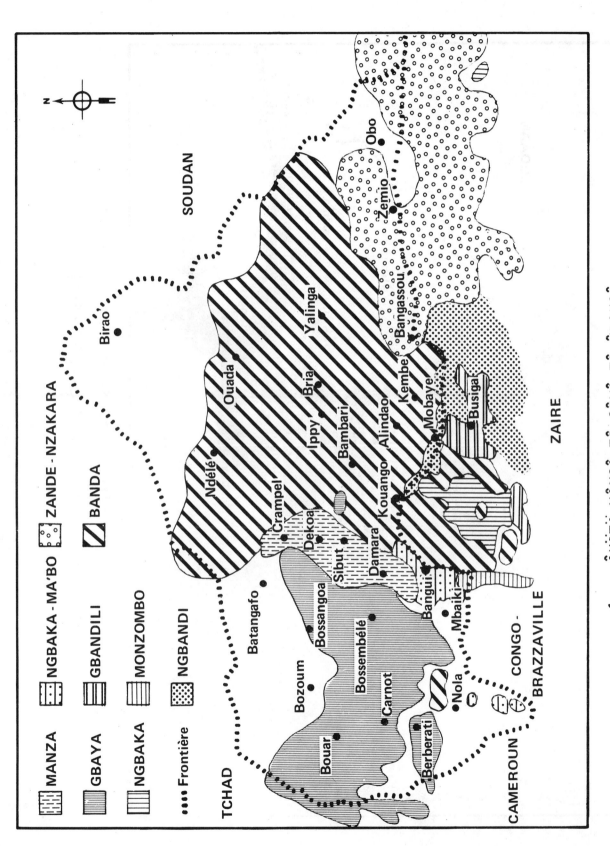

Légende:

- MANZA
- GBAYA
- NGBAKA
- •••• Frontière
- NGBAKA-MA'BO
- GBANDILI
- MONZOMBO
- ZANDE-NZAKARA
- BANDA
- NGBANDI

1 — ÂKÖTÄ YÂNGÂ TÎ SÊWÂ TÎ ÛBANGÎ

PRINCIPALES LANGUES OUBANGUIENNES

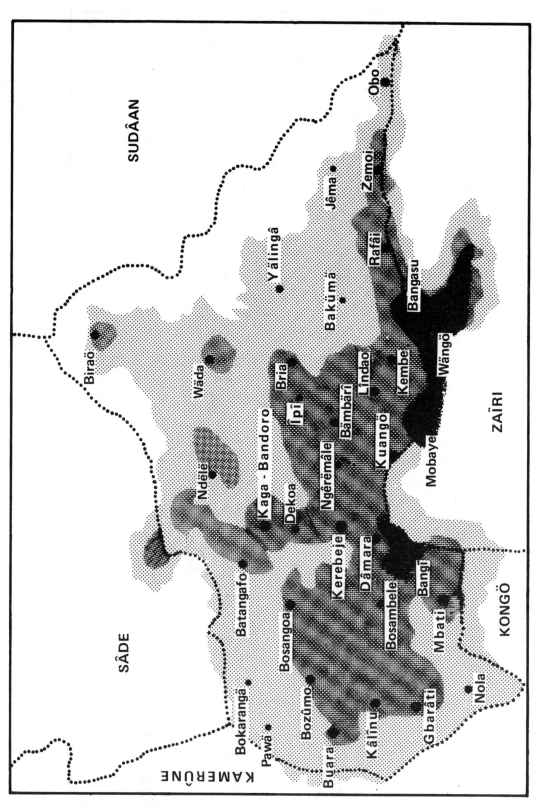

2 — NDO SÔ KÛÊ ÂZO AYEKE TENE SÄNGÖ DA NA BÊAFRÎKA

ZONE D'EXTENSION DU SANGO EN CENTRAFRIQUE

KUA TÎ KÖDÖRÖ

LE DEVOIR NATIONAL

INTRODUCTION

En Centrafrique tout le monde sait que le sango est la langue na-
tionale de la République Centrafricaine. Mais pour les linguistes, il
appartient à un groupe de langues parlées surtout en Centrafrique et
que l'on appelle *le groupe des langues oubanguiennes*. Un autre groupe
de langues parlées dans la région des hauts plateaux du Nord Cameroun
s'apparente à ces langues oubanguiennes. On l'appelle *le groupe des
langues de l'Adamawa*, du nom de ces hauts plateaux. Ces deux groupes
linguistiques sont apparentés, étant issus d'un même tronc commun ap-
pelé *la famille (ou la sous-famille) Adamawa-Oubanguienne*. Celle-ci
rejoint d'autres familles (ou sous-familles) linguistiques africaines,
pour constituer une grande famille de langues appelée : *le phylum (ou
la famille) Niger-Congo*. Jusqu'à présent, les linguistes distinguent
quatre grandes familles (phylums ou familles) comme celle-là pour toute
l'Afrique : 1) Niger-Congo, 2) Nilo-Saharien, 3) Afro-Asiatique, 4)
Malayo-Polynésien. C'est pourquoi chaque fois qu'un auteur veut pré-

KÔZONÎ KÛÊ

Na Bêafrîka, zo kûê ahînga atene yângâ tî sängö ayeke yângâ tî Bêafrîka. Me tî âwasêndâyângâ, ayeke yângâ sô abûngbi nagbâ tî âmbênî yângâ, sô zo ayeke tene mîngi nî na Bêafrîka, sî âla îri nî : *sêwâ tî âyângâ tî Ûbangî*. Mbênî gbâ tî âyângâ-ködörö, sô âzo ayeke tene na mbâgë tî âkpângbâlâ hötö tî banga tî Kamerûne, ayeke îtä na âyângâ tî Ûbangî sô. Aîri nî : *sêwâ tî âyângâ tî Adamawa*, na *îrî* tî âkpângbâlâ hötö nî. Âsêwâ tî yângâ ûse sô ayeke âîtä, alöndö na yâ tî gündâ ôko, sô aîri nî atene : *söngö tî Adamawa-Ûbangî*. Söngö sô abûngbi na âmbênî söngö tî âyângâ tî âzovukö, sî asâra mbênî kötä gbâ tî âyângâ, sô aîri nî : *halë tî âyângâ tî Nizëre-Kongö*, wala na ndurü tënë : halëyângâ tî Nizëre-Kongö. Asî na fadësô, âwasêndâyângâ awara âhalëyângâ töngasô usïö na yâ tî Afrîka kûê : 1) Nizëre-Kongö, 2) Nîli-Saharä, 3) Zovukö-Waazî, 4) Malâya-Polinezî. Ndâ nî-mvenî sî, lâkûê sô mbênî wasärängö-

senter une langue africaine, il la situe dans cette grille de familles linguistiques, afin que partout les gens puissent s'y retrouver. Nous dirons donc que le sango est une langue du groupe oubanguien, tout en étant par ailleurs la langue nationale centrafricaine.

Voici vingt-deux ans déjà que ce pays a reçu l'indépendance, mais l'on continue à y rédiger tout acte administratif ou officiel exclusivement en français. Pourquoi? Avant tout parce que les Centrafricains n'ont pas appris et ne savent donc pas conduire les affaires de leur pays dans leur propre langue. Ce livre souhaite leur frayer un raccourci vers cet apprentissage, afin que tout le monde et chaque personne ait une possibilité d'accès à une meilleure compréhension du monde moderne dans lequel elle est prise.

Pour que la lecture du sango puisse convenablement et correctement restituer la langue, il est indispensable de transcrire deux espèces différentes d'unités : les *phonèmes* et les *tons*. Je vais d'abord les présenter dans leurs divers classements avant que l'on en discute ensemble.

1. Les phonèmes

On y distingue : les *consonnes* et les *voyelles*, lesquelles se départagent à leur tour en *voyelles orales* et *voyelles nasales*. Le *tableau ci-dessous présente la totalité des phonèmes du sango dans toute leur diversité.

les consonnes						les voyelles orales		les voyelles nasales	
p	f	t	s	k	kp	i	u	in	un
b	v	d	z	g	gb	e	o	en	on
mb	mb	nd	nz	ng	ngb	/ɛ/=e	o=/ɔ/		an
m		n	ny			a			
		r							
		l	y	h	w				

2. Les tons

On parle sango avec les six tons suivants :

ton haut, que nous transcrivons ici par l'accent circonflexe /^/ comme dans les mots : yângâ (bouche), yâ (ventre), tî (pour), gô (cou), wâ (feu), wên (fer), sô (ce), ngû (eau), bê (coeur), ndê (autre), zî (enlever), etc.

mbëtï ayê tî fa sê tî mbênî yângâ tî Afrîka, lo fanî na yâ tî kângbi tî
âsöngö sô, sî âzo tî ndo kûê ahînga li tî âla da. Töngasô, fadë ë te-
ne : sängö ayeke mbênî yângâ tî sêwâ tî Ûbangî, sô ayeke ngâ yângâ tî
ködörö tî Bêafrîka.

    Ködörö nî awara lipandäa, asâra fadësô ngû balëûse na ûse awe, me
âzo angbâ tî sâra kua tî mbëtî tî Etäa kûê gî na farânzi. Ngbanga tî
nye? Kôzonî kûê, gî ngbanga tî sô âWabêafrîka amanda sî ahînga lêgë tî
sâra kua tî ködörö na yângâ tî ködörö pëpëe. Mbëtï sô ayê tî zî ma âla
ndurü lêgë tî mändängö nî, sî zo ôko ôko kûê alîngbi tî mä mbîrîmbîrî
ndâ tî gîgî sô lo du da fadësô.

    Marä tî yê sô kûê fôko e sâra na mbëtï, sî dïköngö yângâ tî sängö
asîgî nzönî, ayeke ûse : *âgerêgô na *âsêgô. Fadë mbï fa âla na kalitëe
nî ndê ndê kûê awe sî na pekônî e bîngbi lö da.

1. Âgerêgô

    Marä nî ayeke ûse : *âpendâmbö na *âpendâgô sô pöpö nî akîri akâ-
ngbi ûse : *âpendâgô tî sêyângâ na *âpendâgô tî sêhôn. *Kpongbo sô na
gbenî sô afa kônde tî âgerêgô tî sängö kûê na marä nî ndê ndê.

âpendâmbö						âpendâgô			
						tî sêyângâ		tî sêhôn	
p	f	t	s	k	kp	i	u	in	un
b	v	d	z	g	gb	e	o	en	on
mb	mv	nd	nz	ng	ngb	/ɛ/=e	o=/ɔ/		an
m		n	ny				a		
		r							
		l	y	h	w				

2. Âsêgô

*kêtê sêgô, sô e sû nî ndo sô na kpoto sô /^/, töngana na yâ tî âtënë sô : *yângâ,
yâ, tî, gô, wâ, wèn, sô, ngû, bê ndê, zî,* t.a.n.

*ton *moyen,* que nous transcrivons avec le tréma /¨/, comme dans : *kötä* (grand), *kö-dörö* (pays), *sï* (arriver), *mbëtï* (livre), *tënë* (parole), *wängö* (conseil), *ngangü* (fort), *kürü* (sec), etc.

*ton *bas,* que nous notons par l'absence de tout diacritique au-dessus des voyelles, comme ceci : *na* (avec), *gue* (partir), *tene* (parler), *nguru* (entourer), *boro* (juste), *tara* (essayer), *tiri* (lutter), *mvene* (mensonge), *gene* (hôte), *sasa* (purger), etc.

*ton *montant,* qui part du ton bas et monte jusqu'au ton haut, et que nous transcrivons en conséquence de la manière suivante : *taâ* (vrai), *laâ* (c'est), *loô* (voici), *piî* (jusqu'au soir), *beê* (entr'ouvert par écartement bilatéral), *fuû* ("gros jean comme devant"), *siî* (trop).

*ton *descendant haut-bas,* qui commence sur le ton haut et descend jusqu'au ton bas. Nous le notons en conséquence comme suit : *sêe* (être amer), *zûu* (descendre), *fêen* (odeur), *sîin* (être abject), etc.

*ton *descendant moyen-bas,* qui commence sur le ton moyen et descend jusqu'au ton bas. Nous le notons en conséquence comme suit : *pëpëe* (ne pas). De nombreux noms empruntés au français finissent sur ce ton descendant moyen-bas : *etäa* (état), *patalöon* (pantalon), *pinëe* (pneu), *saravöon* (charbon), *lafabëe* (alphabet), etc.

Lorsque dans un mot, deux voyelles de nature différente se suivent, chacune garde son ton propre. Par exemple :

a) Ton haut/ton bas : *kûi* (mourir), *kâi* (cesser), *kîo* (râcler), *hîo* (vite), *sâi* (thé), *bôi* (serviteur), *mâi* (prospérer), *gîo* (tirer), *mêa* (pièce de 50 cts), etc.

b) Ton bas/ton haut : *ndaû* (accident), *haû* (cousin), *ndoî* (homonyme);

c) Ton bas/ton moyen : *biö* (os), *buä* (prêtre), *kuä* (copain);

d) Ton haut/ton moyen : *nyâö* (chat), *mêä* (aîné des jumeaux);

e) Deux tons hauts : *kûê* (tout), *ngîâ* (jeu), *bîâ* (chant), *gûî* (igname);

f) Deux tons moyens : *mbïö* (poudre de bois rouge), *gbïä* (chef), *süä* (aiguille), *gögöä* (buffle), *lesüä* (révolution), *kïön* (égoïsme), *möä* (mortification);

g) Deux tons bas : *pia* (sauce longue), *sambia* (piment sp.), *tua* (émerger), *kua* (travail), *koi* (unique), *ngoi* (temps), *gia* (faire souffrir), *mbua* (ver de terre), *lesua* (se révolter), *ngbauya* (arachide rouge), *mbai* (proverbe), *ndia* (loi), *guen* (désir), *tuin* (blanc).

3. *Débat

Dans un livre *publié en 1977 en français sur l'écriture du sango, et intitulé *Le sango s'écrit aussi...,*[1] je proposais d'écrire les voyelles et les tons du sango comme font les *linguistes.* Cela impliquait que nous devrions accepter d'écrire deux des voyelles avec les lettres nouvelles /ε/ et /ɔ/. Il nous faudrait également accepter de noter les tons comme suit :

ton haut : /´/, par exemple : *tí* (pour), *yá* (ventre), *mbúrú* (palmier), *gó* (voix), *yé* (chose).

ton moyen : /−/, par exemple : *gā* (venir), *tēnē* (parole), *lī* (entrer), *lū* (enterrer), *tō* (est).

ton bas : noté sans diacritique : *na* (avec), *li* (tête), *zo* (homme), *wa* (propriétaire), *nye* (quoi?).

---

[1] M. DIKI-KIDIRI. *Le sango s'écrit aussi, esquisse linguistique du sango, langue nationale de l'Empire centrafricain.* SELAF, Paris 1977. p. 185.

*fö sêgô, sô e sû nî na kpoto sô /¨/, tôngana na yâ tî âtënë sô : kötä, ködörö, sï, mbëtï, tënë, wängö, ngangü, kürü, t.a.n.

*kötä sêgô, sô e sû nî na zïängö li tî âpendâgô nî sêngê, tôngana tî sô : na, gue, tene, nguru, boro, tara, tiri, mvene, gene, sasa, t.a.n.

*mëngö sêgô, sô alöndö na kötä asêgô sï ame asï na kêtê sêgô, sï e sû nî ngâ alîngbi na nî, tôngasô : taä, laä, loö, piï, beë, fuü.

*züngö sêgô, sô alöndö na kêtê sêgô sï azûu na ndö tî kötä sêgô. E sû nî ngâ alîngbi na nî, tôngasô : sëe, zûu, fëen, sïin, t.a.n.

*ngambe züngö sêgô, sô alöndö na ndö tî fö sêgô sï azûu na ndö tî kötä sêgô. E sû nî alîngbi na nî tôngasô : pëpëe. Mîngi tî âïrï sô alöndö na farânzi sï alï na yâ tî sängö ayeke we na ndö tî ngambe züngö sêgô sô. Tôngana tî sô : etäa, patalöon, pinëe, saravöon, lafabëe, t.a.n.

Tôngana na yâ tî mbênî tënë âpendâgô tî marä ndê ndê ûse amû pekô tî terê, zo ôko ôko abata sêgô tî lo wanî. Tôngana tî sô :

a) Kêtê sêgô/kötä sêgô : kûi, kâi, kïo, hïo, sâi, bôi, mâi, gïo, mêa.
b) Kötä sêgô/kêtê sêgô : ndaû, haü, ndoï.
c) Kötä sêgô/fö sêgô : biö, buä, kuä.
d) Kêtê sêgô/fö sêgô : nyäö, mëä.
e) Kêtê sêgô ûse : kûê, ngïä, bïä, gûï.
f) Fö sêgô ûse : mbïö, gbïä, süä, gögöä, lesüä, küön, möä.
g) Kötä sêgô ûse : pia, sambia, tua, kua, koi, ngoi, gia, mbua, lesua, ngbauya, mbai, ndia, guen, tuin.

3. *Bîngbi-lö

Na yâ tî mbênî mbëtï sô mbï *vunga na yângâ tî farânzi, nangû tî 1977, na ndö tî lêgë tî särängö sängö na mbëtï, ïrï nî : Le sango s'écrit aussi[1], mbï fa atene ayeke nzönî tî sû âgerêgô na âsêgô tî sängö nî kûê tôngana tî sô *âwasêndâyângâ ayeke sâra. Sô tî tene, fôko e yêda tî sû pendâgô ûse na âfinî gerêmbëtï ûse sô : /ɛ/ na /ɔ/. Fadë e yêda ngâ tî sû âsêgô nî tôngasô :

kêtê sêgô : /'/ tôngasô : tï, yá, mbúrú, gö, yɛ;
fö sêgô : /¯/ tôngasô : gā, tēnē, lī, lū, tō;
kötä sêgô : angbâ tî lo sêngê : na, li, zo, wa, nye.

---

[1]M. DIKI-KIDIRI. Le sango s'écrit aussi, esquisse linguistique du sango, langue nationale de l'Empire centrafricain. SELAF, Paris 1977. lmb. 185.

ton montant : /ˇ/, par exemple : *lǎ* (c'est), *tǎ* (vrai), *lǒ* (voici), *pǐ* (jusqu'au soir), *bě* (entr'ouvert par écartement bilatéral), *fǔ* (lésé).

ton descendant haut-bas : /ˆ/ comme dans : *zû* (descendre), *bâ* (voir), *fên* (odeur), *sîn* (être abject).

ton descendant moyen-bas : /ˆ̄/ comme dans : *pēpè* (ne pas), *etã̀* (état), *patalõ̀* (pantalon)[2].

Il est tout-à-fait correct de traiter ainsi les faits. Cela exige seulement que notre pays accepte de payer pour que les Blancs fabriquent des machines équipées des cinq *caractères suivants : /ε/, /ɔ/, /¯/, /ˇ/, /´/, inexistants sur des machines françaises standard, que n'importe qui peut acheter sur le marché. Mais jusqu'aujourd'hui, aucun gouvernement centrafricain ne s'est encore prononcé sur la question de l'orthographe du sango. Par ailleurs, nombre de *ceux qui écrivent en sango en Centrafrique, n'ont aucune possibilité de faire équiper leurs machines avec ces nouveaux caractères. Les *imprimeurs, de leur côté, demandent plus d'argent pour imprimer un livre comportant ces caractères spéciaux, parce qu'il leur est difficile de les trouver dans tous les différents styles typographiques (maigre, gras, aplati, étiré, italique, droit, petit, grand, etc.), et que par conséquent, cela leur demande davantage de travail. En fin de compte, le livre produit coûtera beaucoup plus cher que la normale, et se vendra difficilement. Or, si les gens ne peuvent s'offrir les livres sango à cause de leur prix élevé, c'est la langue sango et la culture centrafricaine elles-mêmes qui regressent.

Certes, dans les pays développés d'Europe et d'Amérique, celui qui cherche bien et accepte d'en payer le prix, peut trouver tout ce qu'il veut. Il peut trouver des machines modernes sophistiquées et de dernier cri, capables d'imprimer toutes sortes de caractères. Certaines personnes, habituées à travailler dans ces pays de grande opulence, s'imaginent que ces équipements sophistiqués permettront aux Africains d'écrire leurs langues avec toutes sortes de caractères. D'autres annoncent que le temps n'est plus loin où l'Afrique entière disposera de tous les caractères nécessaires à l'écriture des langues négro-africaines. Pour ma part, je considère ces propos comme des affirmations gratuites, car elles ne sont nulle part suivies de réalisations concrètes. Il est vrai que si chaque pays africain acceptait de consacrer un budget important, non seulement à l'acquisition de telles machines,

---

[2] J'avais cru autrefois par erreur que l'on pouvait faire l'économie du ton descendant moyen-bas, en le notant /ˆ/ comme le descendant H-B.

mëngö sêgô : /ˇ/ töngasô : *lǎ, lǒ, tǎ, pǐ, bě, fǔ;*
züngö sêgô : /ˆ/ töngana tî sô : *zû, bâ, fên, sîn;*
ngambe züngö sêgô : /ˉ/ töngasô : *pēpē, etā, patalōn;*[2]

    Särängö yê nî töngasô ayeke taâ na lêgënî. Ahûnda gǐ tîtene ködö-
rö tî ë, Bêafrîka, ayêda tî fûta nginza, sǐ âMbunzû asâramasǐni na lo
na *âgerêsû okü sô da : /ɛ/, /ɔ/, /ˉ/, /ˇ/, /'/, ngbanga tî sô ayeke
wara nî na ndö tî âsêngê masǐni, sô zo kûê alîngbi tî vo na magazäni,
pëpëe. Me, asǐ na fadësô mbênî gövörömä tî Bêafrîka ôko âde azî yângâ
na ndö tî tënë tî süngö sängö sô pëpëe. Na mbâgë, *âwasärängö mbêtî na
sängö mîngi na Bêafrîka awara lêgë tî zîa âfinî gerêsû sô na ndü tî
masǐni tî âla pëpëe. Ngâ, *âwapëtëngö-mbêtî ahûnda nginzamîngi tî pete
mbêtǐ sô âfinî gerêsû sô ayeke da, ngbanga tî sôwärängö nî na *kalitëe
nî ndê ndê kûê (ngëngö nî, könöngö nî, ndurü nî, yongôro nî, dëngëngö
nî, löngö nî, kêtê nî, kötä nî, t.a.n.) akpêngba na âla mîngi, sǐ sä-
rängö kua tî mbêtǐ töngasô ahûnda na âla kua ahö. Na ndânî kûê, fadë
ngêrë tî mbêtî nî ngâ akpêngba ahö mêtere nî, sǐ nzara tî vöngö nî
ayeke sâra ânde âzo pëpëe. Kandâa, töngana âzo alîngbi tî vo mbêtǐ tî
sängö pëpëe, ndâli tî kötä ngêrë nî, yângâ tî sängö 'mvenî na hîngä-
ngö-ndo tî âWabêafrîka 'mvenî ayeke kîri na pekô.
    Bîanî, na yâ tî âködörö tî Pötö wala tî Amerîka, sôna kötä moso-
ro, töngana zo agi mbîrîmbîrî, sǐ lo fûta nginza nî alîngbi na nî, lo
yeke wara yê sô kûê bê tî lo ayê. Lo lîngbi tî wara âmbênî kpëngbä fi-
nî masǐni tî fadësô, sô alîngbi tî pete na lo marä tî gerêsû kûê. Â-
mbênî âzo, sô ayeke sâra ka kusâra na yâ tî âködörö tî kötä mosoro sô,
abâa tî âla atene fadë âkpëngbä masǐni sô azî lêgë na âzovukö sǐ âla
lîngbi tî sû âyângâ tî ködörö tî âla na marä tî gerêsû kûê. Âmbênî a-
tene : tângo nî ânînga pëpëe sô fadë Afrîka kûê awara gerêsû kûê sô
alîngbi na âyângâ tî ködörö tî âZovukö. Mbǐ bâa tî mbǐ sô kûê töngana
tënë tî yângâ sêngê sêngê, ngbanga tî sô särängö yê nî ayeke pëpëe. Bî-
anî, töngana ködörö tî Afrîka ôko ôko, ayêda ti fûta kötä nginza, gǐ

---

[2]Mbǐ bâa ândö töngana ngambe züngö sêgô ayeke ndê na terê tî züngö sêgô pëpëe, sǐ
mbi yêda ândö tî sû nî ûse kûê lêgë ôko na /ˆ/, kandâa sô yüngö-ndo.

mais aussi à l'utilisation effective et exclusive des langues africai-
nes dans toutes les activités internes de la nation, il y aurait lieu
d'envisager la question avec beaucoup moins d'illusion. Mais ce n'est
point le cas. En outre, cette solution présente deux inconvénients :
a) Pour imprimer la moindre feuille de papier dans la langue africai-
ne, il faudrait l'envoyer là où se trouve la machine, car seule cette
grosse imprimante sophistiquée dispose des caractères spéciaux requis
pour imprimer correctement dans la langue. Et puisqu'il n'est point
aisé de se la procurer, rares seront les imprimeries dans le pays. Des
produits tels que les journaux ne peuvent en conséquence abonder dans
le pays. Et comment peut-il y avoir de nombreux journaux en langue afri-
caine dans le pays, s'il faut, pour la moindre impression, recourir à
un seul centre, si ce n'est à l'étranger ?
b) Comme les gouvernements africains ne sont pas prêts de consentir à
l'achat massif de ces nouvelles imprimantes sophistiquées, et comme de
leur côté, les fabricants des machines à écrire ordinaires n'envisagent
pas d'en fabriquer en série qui soient tout équipées avec les caractè-
res spéciaux en question, si nous décidions d'écrire les langues afri-
caines avec ces caractères, nous empêcherions les nationaux d'utiliser
dès maintenant leurs langues dans de nombreuses activités. Or, il est
bien connu, qu'une langue non utilisée, va *regresser peu à peu jus-
qu'à mourir, et céder sa place à une autre langue, celle précisément
dans laquelle on travaille.

C'est pourquoi les linguistes cherchent à mettre au point une or-
thographe du sango qui ne nécessite que l'usage de machines ordinaires,
afin de permettre à tout un chacun d'utiliser la langue, en attendant
qu'un gouvernement centrafricain ouvre les yeux pour se pencher sur la
question de l'orthographe du sango. Parmi les cinq caractères mention-
nés plus haut (voir page 14), il y a deux voyelles, /ɛ/ et /ɔ/, et trois
tons /¯/, /ˇ/ et /´/. Mais la machine française ordinaire dont tout le
monde se sert en Centrafrique ne permet pas de noter voyelles et tons
tout à la fois. Qui veut noter correctement les voyelles devra aban-
donner les tons. De même, qui choisit de noter correctement les tons
sera contraint de renoncer à la notation de certaines voyelles. La ques-
tion délicate ici est de savoir lesquels — des tons ou des voyelles —
ont dans le sango une importance telle que nous ne pouvons pas nous
permettre d'en faire l'économie. Par deux fois, d'abord en 1968, dans
un travail qu'il a effectué pour la Commission nationale pour l'étude
du sango (CNES), ensuite dans le dictionnaire sango-français, publié

ndâli tî wärängö na âmasïni sô pëpëe, me ngâ ndâli tî särängö kua tî
ködörö tî lo kûê gï na yângâ tî lo wanî, kandâa e lîngbi tî zîa bê na
marä tî tënë töngasô. Më yê nî ayeke töngasô pëpëe. Na ndönî, âmbênî
sïönî mbâgë tî särängö yê töngasô ayeke da ûse :

a) Tî pete mbênî kêtê kugbë tî mbëtî gï ôko sêngê na yângâ tî zovukö
nî, fôko zo ato nî na ndo sô masïni nî ayeke da, ngbanga tî gï kötä
kpëngbä masïni-pëtë sô ôko laâ ayeke na âgerêsû tî pete na yângâ-ködö-
rö nî mbîrîmbîrî. Sô wärängö marä tî masïni sô ayeke ngangü sô, da tî
pëtëngö-mbëtî ayeke wü ânde na yâ tî ködörö nî pëpëe. Sî yê töngana
*âmbëtisango alîngbi tî wü na yâ tî ködörö nî ngâ pëpëe. Fadë mbëtï-
sango tî yângâ tî Zovukö awü na yâ tî ködörö nî töngana nye, sô töngana-
na tî pete yê kête, fôko mo zo mo kpë na ndo gï ôko sêngê wala na mbênî
ködörö-wandê.

b) Sô âgövörömä tî Afrîka âde agä ndurü tî yêda tî vo âkpëngbä finî
masïni-pëtë sô na gbânî pëpëe sô, sî na mbâgë, âwasärängö âsêngê sêngê
masïni tî pïkängö-mbëtï âde ayêda tî sâra nî na âfinî gerêsû nî sô da
bîakü bîakü pëpëe sô, töngana e sû yângâ tî ködörö nî na âfinî gerêsû
sô, fadë e gbânzi lêgë na âwaködörö nî tî särängö yêmïngi ʃaʃadësô na
yângâ tî ködörö nî. E hînga kûê, yângâ tî ködörö sô zo asâra kua na nî
pëpëe, ayeke mâi pëpëe, ayeke *diringa ngbiii tî kûi, tî zîa parâsi na
mbênî yângâ ndê, lo-sô 'mvenî âzo ayeke sâra kua na nî sô.

      Ndânî laâ, âwasêndâyângâ agi tî sîgî na mbênî kodë tî süngö sängö
sô alîngbi na sêngê masïni, sî zo kûê alîngbi tî sâra kua na nî, tî
kü na ngoi sô sî fadë mbênî gövörömä tî Bêafrîka ayeke zî lê tî lo tî
bâa lêgë tî süngö sängö sô. Na pöpö tî âgerêsû okü sô mbï fa tënë nî
fadë sô (Bâa lêmbëtï 15), âpendâgô ayeke ûse : /ɛ/ na /ɔ/. Sî âsêgô
ayeke otâ : /ˇ/, /ˉ/, na /'/. Me, na sêngê masïni tî âFarânzi sô zo
kûê na Bêafrîka ayeke sâra na kua sô, lêgë tî sâra âpendâgô na âsêgô
tî sängö nî kûê ûse kûê na nî ayeke pëpëe. Töngana mo yê tî sû âpendâgô
nî mbîrîmbîrî, fadë mo zîa lêgë tî âsêgô nî. Ka töngana mo yê tî sû
âsêgô nî, fadë mo zîa ngâ lêgë tî süngö âmbênî âpendâgô nî. Kötä tënë
nî ndo sô ayeke tî hinga sô wa sî ayeke taâ kpëngbä yê na yâ tî sängö
ahö mbâ nî, sî e lîngbi tî zîa lo atî pëpëe. Fânî ûse, kôzonî na 1968,
na yâ tî kua sô lo sâra ndâli tî Bûngbi tî kua tî sängö (BKS), ûsenî,
na yâ tî bakarî sängö-farânzi, sô asîgî na 1978, L. BOUQUIAUX, afa

en 1978, L. BOUQUIAUX a proposé deux orthographes pratiques en sango qui laissent tomber les tons, ne notant que les voyelles. En 1968, il les notait : *e, ë, o, ö*; et en 1978, il les notait : *é, è, ô, o*. C'est la première de ces notations qu'utilise l'I.P.N. aujourd'hui. Quant à la seconde, L. BOUQUIAUX lui-même nous invite à la considérer comme un "pis-aller provisoire"[3], comme s'il ne pouvait trouver mieux.

Or il existe une alternative. Seulement, de nombreuses langues européennes sont dépourvues de tons. C'est pourquoi, quand bien même il venait à connaître toute l'importance des tons dans les langues d'autres pays, l'européen hésitera toujours à les considérer comme plus importants que les voyelles. Aussi, est-il enclin à sacrifier les tons chaque fois qu'il lui faut choisir. Il passe ainsi à côté de la réalité. En sango, ce sont les tons qui l'emportent de loin sur la différence d'aperture vocalique *e/ɛ, o/ɔ*. Ceci ressort clairement de toutes les études effectuées sur le sango jusqu'à ce jour. Si nous voulons que le sango se développe convenablement, il est indispensable de l'écrire avec les tons. De nombreux néologismes se forment aujourd'hui dans le sango, et il faut bien les écrire avec leurs tons afin qu'il soit possible de les prononcer correctement, et du premier coup, à la lecture. S'il n'en est pas ainsi, pour lire avec les tons justes tout mot nouveau qui entrerait en sango, il faudrait au préalable l'avoir entendu de la bouche de quelqu'un qui connaît déjà le mot. Ce qui est tout-à-fait inadmissible!

C'est pourquoi je propose cette nouvelle convention orthographique pour le sango, afin que nous, Centrafricains, n'ayons pas à pâtir des caractères spéciaux, tout en disposant malgré tout d'une bonne façon de noter les tons. Ce qui nous permettra d'utiliser notre langue dans toutes nos activités et de la lire clairement et correctement.

4. L'intonation

La dernière chose dont j'aimerais parler rapidement ici, c'est *l'intonation*. Je l'ai traité abondamment dans le livre *Le sango s'écrit aussi...*, mentionné plus haut. C'est pour cela qu'ici, loin de m'étendre longuement dessus, je ne rappellerai à notre attention que le bref résumé ci-après.

---

[3]L. BOUQUIAUX, J.M. KOBOZO, M. DIKI-KIDIRI : *Cf. ci-contre, p. 38.*

mbênî lêgë tî gegere süngö sängö sô azîa âsêgô nî atî, sî abata gǐ âpe-
ndâgô nî. Na 1968, lo sû nî tôngasô : e, ë, o, ö. Na 1978, lo sû nî
tôngasô : é, è, ô, o. Kôzonî sô 'mvenî I.P.N. amû sî ayeke sâra na kua
fadësô. Tî ûse nî sô, lo BOUQUIAUX wanî atene : sô sîönî kodë laâ, me
nî gi li tî nî na mbênî mzönî nî gbä laâ nî fa ngâ sô gǐ tôngasô sô[3].

Kandâa mbênî lêgë ndê ayeke da. Me, yângâ tî ködörö tî âmbunzû
mîngi ayeke na sêgô da pëpëe. Nî laâ, kamême tôngana mbunzu ahînga kûê
atene sêgô ayeke kpëngbä yê na yâ tî yângâ tî mbênî ködörö ndê, lo lî-
ngbi tî bâa nî tôngana yê sô alîngbi tî hö ngangü tî âpendâgô pëpëe.
Sǐ tôngana atene lo zîa mbênî atǐ, fadë sêgô laâ lo zîa atǐ kôzo. Ka-
ndâa yê nî ayeke tôngasô pëpëe. Na yâ tî sängö sêgô laâ ayeke taâ kötä
yê ahö pöpö tî âpendâgô e/ɛ na o/ɔ. Kua sô kûê asî gîgî na ndö tî yâ-
ngâ tî sängö asǐ na fadësô afa nî polêlê. Tôngana ë yê yângâ tî sängö
amâi nzönî, fôko e sû âsêgô nî ngâ. Âfinî tënë ayeke sîgî mîngi fadësô
na yâ tî sängö, fôko e sû nî na sêgô nî kûê, sǐ zo alîngbi tî dîko nî
bîakü na lêgënî, gǐ na bängö nî na mbëtî. Tôngasô pëpëe, finî tënë sô
kûê ayeke lǐ na sängö, fôko zo amä nî mängö na yângâ tî mbênî zo sô
ahînga nî kôzonî awe, sǐ lo lîngbi tî dîko nî nzönî, na mbîrîmbîrî sêgô
nî. Sô ayeke lêgë nî pëpëe.

Ndâ nî laâ mbǐ sîgî na finî kodë tî süngö sängö sô, tîtene, ë,
âWabêafrîka, e zîa tî bâa pâsi tî afinî gerêsû sô, me ë wara kamême
nzönî lêgë tî sû âsêgô tî sängö, sǐ e lîngbi tî sâra kua kuê na yângâ
tî ködörö tî ë, sô e dîko nî polêlê na lêgënî.

4. Penzegô

Ndângbâ yê tî tënëngö tënë nî hîo ndo sô laâ *âpenzegô, sômbǐ fa
ndâ nî kûê na yâ tî mbëtî tî mbǐ *Le sango s'écrit aussi*, sô mbǐ tene
tënë nî awe sô. Ndâ nî laâ, na ndo sô, fadë mbǐ dîko tënë na ndö nî
mîngi pëpëe. Fadë mbǐ da bê tî ë gǐ na ândurü tënë sô.

---

[3]L. BOUQUIAUX, J.M. KOBOZO, M. DIKI-KIDIRI : Bàkàrí sāngō-fàránzǐ nà kété bàkàrí
fàránzǐ-sāngō/*Dictionnaire sango-français suivi d'un lexique français-sango*. SELAF,
Paris, 1978, lmb. 600.

Si quelqu'un pleure tout en parlant, sa voix aura une inflection différente par rapport à celle qu'on lui entend habituellement lorsqu'il parle normalement. S'il est en colère, sa voix résonne aussi d'une manière particulière. S'il cherche à se concilier quelqu'un ou bien s'il veut poser une question, soit publiquement, soit discrètement, sa voix prendra à chaque fois une intonation différente. Et c'est cela qu'on appelle *intonation. Il y a moyen de noter l'intonation dans l'orthographe. Deux caractères sont utilisés pour noter les intonations (ou intonèmes) en sango : la *perche /!/, et la *crosse /?/. Le nombre total des intonèmes sango s'élève à dix. Cependant, je ne présenterai ici que les quatre que l'on peut le plus souvent rencontrer dans des textes ou entendre dans le discours.

*l'intonème aigu, noté avec une crosse comme ceci : /?/, (Cf, exemple 1). Le plus souvent, cette intonation indique que le locuteur pose une question dans le but de s'informer vraiment sur ce qu'il ignore.

*l'intonème grave, noté avec une perche, souvent précédé des voyelles o et e, comme ceci : /o!/, (Cf. exemple 2). Généralement, cet intonème traduit chez le locuteur une surprise causée par ce qu'il a vu ou entendu et dont il parle.

*l'intonème descendant, noté par une crosse-et-perche /?!/, (Cf. exemple 3). La voix du locuteur passe rapidement de l'intonème aigu à l'intonème grave. On l'entend fréquemment après l'expression : mbî tene ?! "je dis, hein?", où on attend que l'auditeur acquiesce avant de poursuivre l'énoncé. Cet intonème traduit aussi les questions malicieuses, impertinentes, rhétoriques.

*l'intonème montant, noté par une perche-et-crosse /o?!/, (Cf. exemple 4). La voix du locuteur s'élève de l'intonème grave à l'intonème aigu. Le plus souvent, avec cet intonème, le locuteur veut amadouer l'auditeur.

Voici tous les *exemples :

1) *Lo tene mo zîa nginza nî ?* T'a-t-il dit de laisser l'argent ? (Je veux savoir ce qu'il a dit).

2) *Lo tene mo zîa nginza nî o !* Tiens ?, il t'a dit de laisser l'argent ! (J'aurais juré qu'il demanderait l'argent, et voilà qu'il dit autre chose !).

3) *Lo tene ?! Mo zîa nginza nî.* Il dit, n'est-ce pas ? (Faut que) tu laisses l'argent. (T'as compris?).

4) *Lo tene : "Mo zîa nginza nî o !?"* Il dit (d'une voix mieleuse) : "Tu veux bien laisser l'argent s'il te plaît ?" (Comme s'il était prêt à adorer la personne pour obtenir qu'elle lui laisse l'argent).

Si les Centrafricains acceptaient d'apprendre le système orthographique adopté dans cet ouvrage, ils ouvriraient la voie à l'utilisation intensive du sango écrit dans notre pays.

5. Pourquoi ce livre ?

Notre pays, la Centrafrique, est indépendant depuis vingt-deux ans déjà. Et cependant on continue de traîter la plupart des affaires du

Töngana zo ayeke toto, sǐ ayeke tene tënë, fadë gbegô tî lo ague ndê na terê tî sô lo yeke tene ka na tënë kôzonî. Töngana zo ayeke na ngonzo, gbegô tî lo ngâ agön ndê. Töngana zo ayê tî wôko bê tî mbênî mbâ tî lo, wala töngana lo yê tî hûnda na lo mbênî tënë, polêlê, wala na nzǐnî, fadë gbegô tî lo agön lâkûê gǐ ndê ndê alîngbi na nî. Sô 'mvenî aîri nî *penzegô. Lêgë tî särängö âpenzegô na mbëtï ayeke da. Gerêsû tî sû na âpenzegô tî sängö ayeke ûse : *tonga /!/, na *yangô /?/. Ka wüngö tî âpenzegô nî kûê asǐ balë ôko. Me na ndo sô, mbǐ yeke tene gǐ tënë tî âla usïö sô zo alîngbi tî wara nî hîo hîona yâ tî mbë-tǐ, wala tî mä nî hîo hîo na yâ tî tënë :

*kêtë penzegô, sô asû nî na yangô töngasô /?/, (bâa pandë 1). Tî mîngi nî, penzegô sô afa atene watënëngö-tënë nî ayeke hûnda ndo tî hînga yê sô apasêe sǐ lo hî-nga pëpëe bîanî.

*kötä penzegô, sô asû nî na tonga, mîngi nî na mbênî o wala e na gbelê nî töngasô /o!/, (pandë 2). Tî mîngi nî, penzegô sô afa atene li tî watënëngö-tënë nî ahu-ru na ndö tî mbênî tënë sô lo mä, wala mbênî yê sô lo bâa, sǐ lo yeke tene tënë nî.

*züngö penzegô, sô asû nî na yangô-na-tonga /?!/, (pandë 3). Gbegô tî watënë nî alöndö na ndö tî kêtë penzegô sǐ azûu hîo na ndö tî kötä nî. Atene töngasô mîngi na pekô tî "mbǐ tene?!", tîtene wamängö-tënë nî ayêda awe sǐ watënëngö-tënë nî a-tene na lo tanga tî tënë nî. Penzegô sô afa ngâ hündängö-ndo tî mbänä.

*mëngö penzegô, sô asû nî na tonga-na-yangô /o!?/, (pandë 4). Gbegô tî watënë nî alöndö na ndö tî kötä penzegô sǐ ame asǐ na ndö tî kêtë nî. Mîngi nî, na pe-nzegô sô, watënë nî ayê tî wôko bê tî wamängö-tënë nî.

*Pandë nî kûê lo-sô :

1) Lo tene mo zîa nginza nî ? (Mbǐ yê tî hînga tënë sô lo tene).

2) Lo tene mo zîa nginza nî o! (Mbǐ bâa tî mbǐ mbǐ tene lo yeke hûnda ânde nginza nî sǐ lo kîri lo tene tî lo ndê sô).

3) Lo tene ?! Mo zîa nginza nî. (Mo mä awe ?)

4) Lo tene : "Mo zîa nginza nî o!?" (Mô-bâa-mo-tene lo yê tî voro zo nî vöröngö sǐ lo zîa nginza nî na lo).

Töngana âWabêafrîka ayêda tî manda kodë tî süngö sängö sô na yâ tî mbëtî sô, fadë âla zî lêgë na särängö kua na sängö na gbânî na yâ tî ködörö tî ë.

5. Mbëtï sô ndâli tî nye ?

Ködörö tî ë, Bêafrîka, agä ndepandäa asara fadësô ngû balë-ûse na ûse awe. Me angbâ tî sâra kua tî ködörö mîngî gǐ na yângâ tî farânzi,

pays en français, langue que la majorité des nationaux ne comprend pas. Pourtant notre pays a la chance de disposer d'une langue commune : le sango. C'est un atout véritable, parce que, grâce au sango parlé par tous, les Centrafricains dans leur ensemble peuvent se reconnaître comme véritablement les fils d'un même pays, d'authentiques frères issus d'une même mère. Dès lors, ils peuvent s'écouter mutuellement, accepter d'oeuvrer à la promotion de leur pays, non pas seulement en paroles, mais en unissant leur volonté pour accomplir consciencieusement leur devoir national, afin de créer pour tous un pays où il fait bon vivre. C'est un atout véritable également parce que, dans toute l'Afrique, les pays disposant d'une seule langue négro-africaine pour tous les nationaux se comptent sur les doigts d'une main. C'est pourquoi, il nous faut considérer le sango, comme l'un de nos plus grands trésors, que nous devons promouvoir aussi bien en tant qu'outil de connaissance que support conservatoire de notre culture africaine.

Si les gens conduisaient les affaires de leur pays dans leurs langues nationales véritables, ils apprendraient vite, et ils apprendraient beaucoup, et seraient avertis de toutes questions importantes. Ils deviendraient alors véritablement maîtres de leur destinée, parce qu'ils pourraient oeuvrer pour une réelle indépendance de leur pays, sachant pourquoi ils agiraient de telle ou telle façon.

Mais il se trouvera des gens pour dire : le sango est une langue qui ne conviendrait qu'aux réalités villageoises et aux conversations familières. Il n'y aurait pas assez de vocabulaire pour que l'on s'en serve comme véhicule d'enseignement. En réalité, il n'en est rien ! Lorsque vous leur révélez toute la richesse du sango qu'ils ignoraient, ils vous répondent : "Ce n'est pas du sango, ça !" ou encore : "Votre sango est trop difficile!". Voilà la vérité ! Ils ne veulent pas se donner la peine d'apprendre le sango, soit qu'ils aient peur de l'effort à fournir, soit qu'ils estiment n'avoir rien de plus à gagner avec le sango, étant donné qu'ils parlent déjà le français. Comme ils se trompent ! Les Centrafricains qui connaissent le sango sont de loin bien plus nombreux que ceux qui maîtrisent le français. Par ailleurs, un Centrafricain qui ne connaîtrait que le français ressemble à un étranger dans son propre pays. Tandis que celui qui connait bien le sango peut sympathiser avec tous les gens du pays. Il a déjà planté ses racines dans la terre de son pays en en parlant la langue. En apprenant à nommer les réalités actuelles en sango, le Centrafricain se révèle un homme plein de raison, capable de saisir les nouvelles clés

sô mîngi tî awaködörö nî amä pëpëe. Kandâa ködörö tî ë ayeke na päsä tî tënëngö yângâ ôko, sô ayeke sängö. Taâ tënë bîanî, sô kötä päsä, ngbanga tî sô, na yângâ tî sängö sô âla yeke tene, âWabêafrîka kûê alîngbi tî hînga-terê tôngana taâ âmôlengê tî ködörö ôko, taâ âîtä tî yâ tî mamâ ôko, sî âla mângbi hîo, ayêda tî yâa ködörö tî âla na ndüzü, gî na yângâ pëpëe, me na büngbïngö bê tî âla ôko tî särängö taâ kua tî ködörö tî âla na lêgênî, sî ködörö anzere na âla kûê tî du da. Ayeke taâ päsä bîanî ngâ ngbanga tî sô, na yâ tî sêse tî Afrîka kûê, âködörö sô awara mbênî yângâ tî zovukö gî ôko ngbanga tî âwaködörö nî kûê, awü ahö litî tî mabôko ôko pëpëe. Ndâ nî laâ, nzönî e bâa yângâ tî sängö tôngana mbênî kötä mosoro tî ë, sô ë lîngbi tî yâa nî na ndüzü, ngbanga tî hîngängö-yê na nî, ngâ ngbanga tî bata kodë tî ë tî zovukö na nî.

Tôngana âzo asâra kua tî ködörö tî âla na taâ yângâ tî ködörö tî âla, fadë âla hînga-yê hîo, ahînga-yê mîngi, sî lê tî âla ahän hîo na ndö tî âkötä kpälë kûê. Tôngasô sî âla lîngbi tî du taâ gbïä tî gîgî tî âla bîanî, ngbanga tî sô âla lîngbi tî sâra sî ködörö tî âla agä taâ ndepandäa bîanî, ngbanga tî sô fadë âla hînga ndâli tî nye sî âla yeke sâra yê tôngasô wala tôngasô.

Me, fadë âmbênî âzo atene : sängö ayeke mbênî yângâ sô alîngbi gî na yê tî ködörö, wala gî na sêngê lisoro sô âzo ayeke tene na pöpö tî âla, âtënë awü na yâ nî mîngi sî zo âmanda na yê pëpëe. Kandâa sô taâ mvene. Tôngana mo fa na âla mosoro sô kûê na yâ tî sängö sî âla hînga pëpëe sô, fadë âla tene na mo atene : "Sô sängö lâwa!", wala : "Sängö tî mo nî akpêngba mîngi". Kandâa taâ tënë nî ayeke sô : âla yê tî sâra ngangü tî manda sängö pëpëe, wala ngbanga tî sô mbeto tî särängö ngangü nî asâra âla, wala ngbanga tî sô âla hînga farânzi awe sî âla bâa atene hïngängö sängö mbîrîmbîrî ayeke gä na âla mbênî yê na ndöbênî pëpëe. Kandâa âla yû-ndo awe. âWabêafrîka, sô ahînga sängö, awü fânî mîngi ahö âla sô ahînga farânzi mbîrîmbîrî. Na mbâgë, Wabêafrîka sô ahînga gî farânzi ayeke tôngana mbênî wandê na ndo tî lo wanî. Me lo sô ahînga sängö mbîrîmbîrî alîngbi tî mângbi na âwaködörö nî kûê. Lo lü gündâ tî lo na yâ tî sêse tî ködörö tî lo awe, na tënëngö yângâ nî. Na mändängö lêgë tî dïngö ïrï tî âfinî yê tî fadësô na yângâ tî sängö, Wabêafrîka ayeke fa atene nî yeke zo tî boro, nî hînga tî kamâta finî kêlêlê sô kûê alîngbi tî zî na nî yângâda tî gîgî tî fadësô. Lo fangâ

qui lui ouvriront les portes du monde moderne. Il montre également par
là qu'il porte en lui le désir de voir son pays devenir véritablement
indépendant. Et il montre que lui aussi ne veut pas être de reste. Et
c'est pour ouvrir la voie aux Centrafricains désireux de connaître les
affaires de leur pays en sango que j'ai écrit ce livre.

Je l'ai divisé en deux parties : la première est consacrée à l'ex-
plication du vocabulaire sango choisi pour désigner les réalités ac-
tuelles, tout en exposant chacune de celles-ci afin de les rendre
compréhensibles pour tous. La seconde comprend deux lexiques : sango-
français et français-sango, où les termes expliqués dans la première
partie sont présentés en ordre alphabétique. Ainsi celui qui souhaite
connaître le correspondant français des expressions sango pourra le
faire. De même, celui qui, connaissant les mots français, en cherche
les équivalents en sango, pourra le faire également. Les mots et ex-
pressions marqués d'un astérisque /*/ dans la première partie figurent
dans le lexique de la seconde partie. Ainsi, lorsqu'en lisant ce livre
vous rencontrez un terme précédé de cet astérisque, vous saurez immé-
diatement qu'il figure au lexique à la fin de ce livre.

Si chaque Centrafricain jusqu'au dernier lisait ce livre et ap-
prenait un peu de son contenu, le travail que je me suis donné la pei-
ne d'accomplir aurait déjà porté des fruits.

M.D.K.

LE PEUPLE

La liste de tous les ancêtres qui, de génération en génération,
nous ont engendrés constitue notre *lignée. De même, les gens qui ont
toujours vécu dans le même *pays depuis des siècles, ne font plus qu'une
seule ethnie, car le pays leur appartient à eux tous ensemble. Ils sont
devenus comme des enfants d'un même foyer. C'est pourquoi nous pouvons
dire que l'ensemble des habitants d'un même pays forme un *peuple, la
lignée humaine du pays.

LES *PARTIS POLITIQUES

Tout le monde sait que dans une embarcation la proue est à l'avant
et la poupe à l'arrière, et il y a les côtés que l'on appelle les

atene nǐ yeke zo sô nzara tî bâa ködörö tî nǐ agä taândepandäa bîanî, ayeke na yâ tî nǐ. Lo fa atene lo ngâ kûe lo yê tî ngbâ na pekô pëpëe. Ayeke tî zî lêgë na âWabêafrîka sô ayê tî hînga tënë tî ködörö tî âla na yângâ tî sängö laâ mbǐ sâra mbëtǐ sô.

Mbǐ kângbi yâ nî ûse : kôzo mbâgë nî ayeke tî fa ndâ tî âǐrǐ sô mbǐ soro na sängö tî îri na âyê tî fadësô nî, lêgë-ôko sô mbǐ yeke fa ndâ tî âyê sô ôko ôko kûe, sǐ zo ahînga ndâ nî mbîrîmbîrî. Ûse mbâgë nî laâ kêtê bakarî ûse : sängö/farânzi, na farânzi/sängö. Mbǐ bûngbi da, na molongö tî lafabëe, âtënë sô kûe mbǐ fa ndâ nî na yâ tî kôzo mbâgë tî mbëtî nî. Töngasô, zo sô ayê tî hînga ndâ tî âtënë tî sängö nî na farânzi alîngbi tî wara nî. Ngâ, zo sô ahînga tënë nî na farânzi sǐ ayê tî hînga ndâ nî na sängö, alîngbi tî wara nî ngâ lêgë-ôko. Të-në, wala kâmba tî tënë sô kûe sô tongolo /*/ ayeke na terê nî na yâ tî kôzo mbâgë tî bûku nî, ayeke ngâ na yâ tî bakarî nî, na yâ tî ûse mbâgë nî. Töngasô, töngana, na dǐköngö mbëtǐ sô, mo wara mbênî tënë na kêtê tongolo sô na gbelênî, hînga bîakü mo tene mo lîngbi tî wara nî na yâ tî bakarî sô na ndâ tî mbëtî sô.

Töngana Wabêafrîka ôko ôko kûe adîko mbëtî sôsǐ amanda ngâ âtënë sô kûe na yâ nî kêtê, kandâa kusâra sô mbǐ bâa pâsi tî särängö nî sô adü lê nî awe.

M.D.K.

HALËZO

Molongö tî âkötarä kûe sô adü âzo ngbiii sǐ âla dü ë sô, ayeke *halë tî ë. Lêgë-ôko, âzo tî *ködörö sô adutǐ ngû na ngû, kpu na kpu, na yâ tî ködörö ôko, agä töngana marä gǐ ôko, ndâli tî sô ködörö nî ayeke tî âla kûê ôko. Âla gä töngana âmôlengê tî sêwâ ôko. Ndâ nî laâ e lîngbi tî îri gbâ tî âzo kûe sô na yâ tî ködörö ôko ë tene : *Halëzo tî ködörö nî.

KAMÂ-POROSÖ

Na yâ tî ngö, zo kûe ahînga atene li tî ngö ayeke da, ngbondâ tî ngö ayeke da, sǐ terê tî ngö ayeke da. Me taâ ǐrǐ tî terê tî ngö na

*bords. On dit *babord pour le côté gauche et *tribord pour le côté droit. Si l'embarcation est un *paquebot, les gens peuvent se placer sur différentes files, du côté droit, du côté gauche ou au centre du navire. On dit que les gens sont à tribord, à babord, ou au *centre.

Un pays est comparable à un navire. Certains *citoyens peuvent se regrouper du même côté pour indiquer ce que, selon eux, les gens du pays devraient faire pour assurer la bonne marche de leur pays. Mais d'autres citoyens qui ne partagent pas leur point de vue peuvent aussi se regrouper à un autre bord, pour montrer la voie que, selon eux, le pays devrait suivre pour prospérer. Nous appelons ces diverses formations de citoyens, des *partis ou des *partis politiques. Nombreux sont ceux qui utilisent le terme *porosö pour traduire parti, suivant en cela notre ami WILLYBIRO-PASSY Albert qui l'emploie dans ses émissions radiophoniques. En réalité, ce terme désigne au sens propre un groupe de *comploteurs ayant pour but de nuire à leur prochain ou de jeter la zizanie dans le pays. Si maintenant tout le monde accepte de lui donner un sens nouveau plus positif, à savoir : "groupement de citoyens oeuvrant pour le bien du pays", je serai prêt à en faire autant. C'est dans cet esprit que j'ai conservé le terme dans le mot composé kamâ-porosö : *parti politique. Mais pour l'instant, afin d'éviter toute ambiguïté, je n'utiliserai ces mots que dans les sens définis ci-après :

kamâ ou kamâ-porosö : "parti politique, groupement de citoyens pour bâtir leur pays". Ceux qui en font partie sont appelés *adhérents, *partisans, ou *membres d'un parti politique.

porosö : "complot, groupement de comploteurs pour nuire à quelqu'un ou pour jeter la zizanie dans un pays". Ceux qui en font partie sont des *comploteurs ou des *fauteurs de troubles.

PARTI UNIQUE OU MULTIPARTISME ?

On entend des gens dire : il n'y a qu'un seul pays. Il est donc préférable que tous les citoyens conjuguent leurs efforts dans un même et unique parti politique afin d'oeuvrer plus efficacement au développement du pays qui connaîtra ainsi une *croissance plus rapide. En réalité, il ne peut en être ainsi que si le chef de l'Etat et tous les dirigeants du parti unique sont des personnalités exceptionnelles par leur droiture et leurs vertus morales. Sinon, ils *transformeront bien vite le parti en une lourde chaîne pour en attacher les citoyens. Par ailleurs, comment tous les *gens du pays s'y prendraient-ils pour être tous et toujours du même avis sur toutes les *questions susceptibles

yângâ tî sängö laâ *kamâ. Terê tî ngö na mbâgë tî wâlî laâ *kamâga, sî tî mbâgë tî kôlî laâ *kamâköti. Töngana ngö nî ayeke *mangböngö, sô yâ nî akono mîngi sô, âzo alîngbi tî dutî na molongö ndêndê, na mbâgë tî kôlî wala tî wâlî, wala na bê tî ngö nî. Atene âzo nî adutî na kamâga wala na kamâkötî, wala na *bêngö.

Ködörö ayeke töngana kötä mangböngö. Âmbênî *âwaködörö alîngbi tî bûngbi terê tî âla na mbênî kamâ ôko, tî fa yê sô, na lê tî âla, ayeke nzönî âzo tî ködörö nî asâra sî ködörö nî atambûla nzöni. Me, âmbênî âwaködörö, sô abâa tî âla yê nî töngasô pëpëe, alîngbi ngâ tî bûngbi terê tî âla na yâ tî mbênî kamâ ndê, tî fa ngâ lêgë sô âla yê ködörö nî amû sî awara nzönî. Ë îri bûngbi tî âwaködörö sôndê ndê sô ë tene : *kamâ, wala *kamâ-porosö. Âmbênî âzo mîngi ayeke tene *porosö, töngana sô îtä tî ë WILLYBIRO-PASSY Albert ayeke fa na yâ tî âkuasînga tî lo sô. Me, tî pîri nî, kôzo ndâ tî porosö laâ : bûngbi tî *âzo tî makoröo sô ayê tî sâra sïonî na âmbâ tî âla, wala tî bi wûsûwusu na yâ tî ködörö. Töngana âzo kûê ayê fadësô tî mû mbênî finî ndâ tî nzönî na porosö nî, sî agä : "bûngbi tî âwaködörö tî leke na ködörö", fadë mbï ngâ kûê mbï sâra töngasô. Ndâ nî sô mbï yêda tî tene : *kamâ-porosö laâ. Tî fafadësô, tîtene âzo amä ndâ tî tënë tî ë kîrîkiri pëpëe, fadë ë tene tî ë lâkûê gï töngana tî sô :

kamâ wala kamâ-porosö : ayeke bûngbi tî âwaködörö tî leke ködörö. Âzo tî yâ nî ayeke *âwakamâ wala *âwakamâ-porosö.

porosö : ayeke bûngbi tî âzo tî makoröo tî sâra sïonî na âmbâ tî âla wala tî bi wûsûwusu na yâ tî ködörö. *Âzo tî porosö ayeke *âwaporosö.

KAMÂ ÔKO WALA KAMÂ NDÊ NDÊ ?

Âmbênî âzo atene : ködörö ayeke gï ôko. Ayeke nzönî âwaködörö nî kûê abûngbi ngangü tî âla kûê na yâ tî kamâ-porosö gï ôko, sî asâra kua tî ködörö hîo hîo. Töngasô sî ködörö *amâi hîo. Me yê nî alîngbi tî dutî töngasô gï töngana gbïä tî ködörö nî, na âkötä-zo tî yâ tî kamâ ôko nî kûê, ayeke taâ *âwanzöbê tî kpëngbä nî. Sî âla *gbîan kamâ-porosö nî hîo na mbênî nenêe zingîri tî gbë na âwaködörö nî pëpëe. Na mbâgë, âzo tî ködörö nî kûê âsâra töngana nye sî tënë tî bê tî âla kûê âgue gï ôko lâkûê na ndö tî *kpälë kûê sô alîngbi tî tî na yâ tî ködörö nî. Fadë âla sô abâa mbênî lêgë tî särängö-yê ndê, sô alîngbi ngâ

de se poser dans le pays ? Ceux qui proposeraient une alternative tout aussi bénéfique pour le pays, comment feront-ils pour faire entendre leur voix s'il n'existe qu'un seul parti ? Et si le chef de l'Etat se révèle un *tyran* pour le pays, de quelle manière pourront-ils le désavouer sans ruiner le pays par une guerre révolutionnaire ?

Un trop grand nombre de partis politiques dans le pays n'a pas non plus que des avantages. Car les citoyens ne chercheront plus qu'à se disputer et qu'à se terrasser les uns les autres, pendant que le véritable travail pour organiser le pays restera en souffrance. Et les querelles stériles s'installeront dans le pays. Pourtant, à travers leurs disputes les partis attirent l'attention des gens sur tous les problèmes qui se posent dans le pays. C'est pourquoi celui qui adhère à un parti devrait se convaincre qu'il le fait surtout pour s'éduquer et être averti de toutes questions concernant son pays. Il pourra à son tour ouvrir les yeux de ses concitoyens. On dit que chaque membre d'un parti politique est un *militant* au sein de la population. Ainsi, peu à peu, toute la population sera instruite à fond de la *chose publique. Ainsi, aucun *chef indigne n'abusera d'elle, et aucun *pays étranger ne la rendra esclave.

Chaque parti politique peut informer les gens du type de société qu'il souhaite instaurer dans le pays. On appelle cela un *projet de société*. Il peut également leur dire quels travaux accomplir pour réaliser ce projet de société. Ce qui est son *programme*. Si les citoyens acceptent le projet de société à eux présenté par un parti donné, ils devront accepter le programme proposé par ce même parti en vue d'atteindre ce projet. Ils *éliront donc un membre de ce parti à la tête du pays afin qu'il applique ce programme dans la conduite des affaires du pays. On dira que c'est ce parti politique qui *gouverne, c'est-à-dire qui détient l'autorité dans le pays. On l'appelle aussi le *parti gouvernemental*.

Tous les autres partis qui ne gouvernent pas demeurent en état de *vigilance. Ils peuvent approuver certaines actions du chef de l'Etat ou les *critiquer, les contester, en sorte que le président se voit obligé d'accomplir toutes choses dans le respect des lois. Et c'est pourquoi on appelle ces partis-là des *partis d'opposition*. Si les actions du chef de l'Etat prennent une tournure qui suscite le mécontentement des citoyens, ceux-ci, dans leur colère, quitteront le parti gouvernemental pour adhérer aux partis d'opposition. Et à la prochaine *période électorale, ils *éliront quelqu'un d'autre au sein de l'opposition. Ainsi, les citoyens pourront changer de chef d'Etat tranquillement sans qu'aucune guerre révolutionnaire ruine le pays.

tî gä na nzönî na ködörö, asâra töngana nye tî yâa gô tî âla na ndüzü sï zo amä âla, sô töngana kamâ-porosö ayeke gï ôko. Ka töngana gbïä tî ködörö nî agä atï *bokasa na terê tî âzo, fadë lêgë wa sï âla lîngbi tî ke na nî na lo, sân tî buba ködörö na birä tî lesüä ?

Töngana kamâ-porosö awü mîngi na yâ tî ködörö, ayeke ngâ nzönî kûê pëpëe. Ngbanga tî sô, âwaködörö nî ayeke tî ânde tî gi gï lêgë tî papa na pöpö tô âla, tî kinda terê kîrîkiri, sï mbîrîmbîrî kusâra tî leke na ködörö ayeke ngbâ na pekô. Parâba tî mbänä ayeke du da lâkûê na yâ tî ködörö nî. Me, na yâ tî parâba tî âla sô, nzönî mbâgë nî laâ âkamâ-porosö nî ayeke zî lê tî âzo na ndö tî kpälë sô kûê asï na yâ tî ködörö nî. Ndâ nî laâ, zo sô alï na yâ tî mbênî kamâ, nzönî lo hînga atene lo lï da tîtene lê tî lo azî na ndö tî âtënë tî ködörö tî lo kûê, sï lo lîngbi ngâ tî zî lê tî âmbâ tî lo âwaködörö. Atene : wakamâ ôko ôko ayeke *bazingele na pöpö tî âzo tî ködörö. Töngasô, kêtê na kêtê, fadë âzo tî yâ tî ködörö nî kûê ahînga *kua tî ködörö mbîrîmbîrî, sï mbênî *gbïä tî sïönî agä abuba âla pëpëe, wala sï mbênî *ködörö-wandê agä asâra âla ngbâa pëpëe.

Kamâ-porosö ôko ôko alîngbi tî fa na âzo marä tî dutï sô lo yê âla dutï na nî na yâ tî ködörö nî. Aîri nî atene *marä-dutï. Lo lîngbi tî fa ngâ na âla kusâra sô âla lîngbi tî sâra tî wara na marä-dutï sô. Aîri sô atene; *sêndâkua. Töngana äwaködörö nî ayêda na marä-dutï sô mbênî kamâ-porosö ôko afa na âla sô awe, fôko âla yêda ngâ na sêndâkua sô lo fa tî sîgî na marä-dutï nî sô. Sï âla *votêe mbênî zo tî kamâ-porosö sô töngana gbïä tî ködörö, tîtene lo sâra kua tî ködörö nî alîngbi na sêndâkua sô. Fadë atene kamâ-porosö sô laâ *alë gbïä, sô tî tene, amû *kömändëmä na yâ tî ködörö nî. Aîri nî ngâ atene : *kamâ tî gbïä.

Âtanga tî âkamâ-porosö kûê, sô alë gbïä pëpëe sô, angbâ na *hängö lê. Âla lîngbi tî yêda na âmbênî kua tî gbïä nî, wala tî *kasa kua nî, tî dë kîte nî, töngasô sï gbïä nî asâra-yê lâkûê na kpëngö ndia. Ndâ nî 'mvenî ë îri âkamâ-porosö sô ë tene : *âkamâ tî kîte. Töngana särängö kua tî gbïä tî ködörö nî amû mbênî lêgë sô anzere na bê tî âwaködörö pëpëe, fadë ngonzo asâra âla, sï âla löndö na yâ tî kamâ tî gbïä nî, ague na yâ tî âkamâ tî kîte nî. Sï töngana *ngoi tî vôte agä awe, âla *votêe mbênî zo ndê na yâ tî âkamâ tî kîte nî. Töngasô sï âwaködörö alîngbi tî sanzêe gbïä tî âla na yâ tî sîrîrî, sï birä tî lesüä abuba ködörö pëpëe.

Oui vraiment, il vaut beaucoup mieux pour un pays n'avoir qu'un nombre limité de partis politiques. Ni trop, ni trop peu.

*LA DIVISION DU TRAVAIL

Nos ancêtres disaient : "C'est un seul homme qui tue l'éléphant, et ce sont plusieurs hommes qui le mangent". Il y a des travaux pour lesquels il faut se mettre à plusieurs pour les réussir. Par exemple, lorsqu'il s'agit d'ouvrir une nouvelle route, un tel travail nécessite le concours de plusieurs personnes. Mais il y a d'autres travaux qui ne peuvent être avantageusement exécutés que par une seule personne à la fois. Ainsi en est-il de la conduite automobile. Si deux individus voulaient s'asseoir tous les deux sur le siège du chauffeur et conduire l'automobile, un accident ne tarderait pas à se produire. Les gens un temps soit peu intelligents laisseront une seule personne conduire l'automobile. Si cette personne ne s'acquitte pas correctement de sa tâche, un autre chauffeur sera choisi. Mais ce ne sera jamais deux ou trois personnes à la fois qui conduiront le véhicule. Il en est de même pour la conduite d'un pays.

Tout pouvoir vient du peuple. Il y a des travaux que les citoyens peuvent se réunir et accomplir, mais il y en a d'autres pour lesquels il faut qu'ils donnent pouvoir à quelques personnes seulement afin qu'elles puissent accomplir certaines fonctions au nom du peuple tout entier. La première fonction qui ne peut être assumée correctement que par un seul individu est celle de *chef.

LE CHEF

C'est une fonction que d'être chef, le premier *devoir national. Celui qui occupe le *poste de chef ne s'y trouve que parce que le peuple veut bien que ce soit lui qui y soit. Le jour où le peuple le rejette et choisit quelqu'un d'autre comme chef de l'état, il redeviendra un citoyen tout-à-fait ordinaire comme monsieur Tout le monde. C'est pourquoi il est dit que tout pouvoir vient du peuple.

Le devoir du chef est de veiller au bien-être du pays, de garantir la paix, la prospérité, et une vie sociale heureuse pour toute la population. Mais seul un chef au coeur pur, (c'est-à-dire épris des plus hautes vertus morales) et compétent peut avoir la sagesse d'agir ainsi toujours avec droiture. On reconnaît un bon chef au bonheur de son peuple.

Bîanî, düngö na kamâ-porosö gǐ ûse-otâ na yâ tî ködörö ôko laâ ayeke kötä nzönî yê. Ôko sêngê alîngbi äpëe, me âhö ndönî afün sen.

*KÄNGBÏNGÖ-KUA

Âkötarä tî ë atene : "Zo tî fängö doli ayeke ôko, sǐ âwatëngö nî ayeke mîngi". Âmbênî kusâra ayeke sô, töngana âzo abûngbi da mîngi sǐ âla lîngbi tî sâra nî hîo. Ayeke töngana tî sürüngö mbênî finî lêgë. Kua sô alîngbi gǐ na bûngbi tî âzo mîngi. Me, âmbênî kua ayeke da, sô gǐ zo ôko laâ alîngbi tî sâra nî, sǐ ague nzönî. Ayeke töngana gbötö-ngö kutukutu. Töngana âzo ûse ayê tî dutǐ ûse kûê na yâ tî ngendë tî sofëre tî gbôto kutukutu nî, fadë kutukutu nî anînga tî tûku pëpëe. Âzo sô ayeke na li, ayeke zîa gǐ zo ôko sǐ agbôto kutukutunî. Töngana lo sâra kua nî na lêgënî pëpëe, âla lîngbi tî mû mbênî sofëre ndê, me zo ûse wala otâ sǐ alîngbi tî gbôto kutukutu kûê-ôko pëpëe. Yê nî ayeke ngâ töngasô na lêgë tî bätängö ködörö.

Ngangü kûê alöndö na mabôko tî halëzo. Âmbênî kua ayeke sô âwaködörö alîngbi tî bûngbi tî sâra nî âla-mvenî. Me, âmbênî kua ayeke da ngâ, sô fôko âla mû ngangü na âmbênî âzo ôko ôko, tîtene âzo sô asâra kua nî na ǐrǐ tî halëzo nî mobimba. Kôzo kua sô gǐ zo ôko sǐ alîngbi tî sâra nî nzönî laâ kua tî *gbǐä.

GBÏÄ

Gbǐä ayeke kusâra, ayeke kôzo *kua tî ködörö. Zo zô adutǐ na *mbätä tî gbǐä, adutǐ da gǐ ndâli tî sô halëzo tî ködörö nî ayêda atene lo sǐ lo du gbïä. Lâ nî sô halëzo ake lo awe, sǐ amû mbênî zo ndê töngana gbǐä tî ködörö nî, fadë lo kîri lo gä taâ sêngê zo töngana âmbâ tî lo âzo kûê. Nî laâ, atene : ngangü kûê alöndö gǐ na mabôko tî halëzo.

Kua tî gbǐä laâ tî bata ködörö nzönî, na yâ tî sîrîrî, na yâ tî mosoro, na yâ tî nzönî dutǐ ngbanga tî âzo kûê. Me, gǐ gbǐä tî nzöbê, sô ahînga kua tî lo mbîrîmbîrî, laâ alîngbi tî du na ndarä tî särängö-yê gǐ na lêgënî töngasô. Ahînga gbǐä tî nzönî na nzönî dutǐ tî âwakö-dörö tî lo.

Le chef au coeur impur (c'est-à-dire aveuglé par ses passions in-
dignes) ne cherche, quant à lui, que son bien-être propre, en accapa-
rant toutes les richesses du pays pour en jouir tout seul au détriment
de son peuple, qu'il opprimera sans pitié. Et le pays deviendra une
terre de souffrance et de misère. C'est pourquoi, lorsque la *période
des élections présidentielles arrive, il est important que tous les
gens du pays soient particulièrement vigilants, afin de n'élire comme
*président de la république que le candidat le plus irréprochable.

LE RÉGIME

On appelle *régime l'organisation du pouvoir à la tête du pays.
On distingue plusieurs types de régimes suivant la nature de l'organi-
sation sociale adoptée par les citoyens. Dans certains pays, quelqu'un
peut devenir chef d'Etat uniquement parce que son père l'était avant
lui. On dit qu'il accède au pouvoir à la suite de son père, ou bien
qu'il prend la *succession de son père par héritage, ou encore qu'il
est le *successeur et héritier de son père. Et puisqu'il en est ainsi,
tous les chefs d'Etat de ce pays proviennent donc d'une même famille :
la *famille royale. Ils ne sont point élus. C'est pourquoi on appelle
ce régime *monarchie héréditaire. En effet, bien souvent, c'est l'en-
fant issu du foyer royal qui succède à son père. Celui qui devient ain-
si chef d'Etat par des liens de sang, est un *monarque, un *roi. Le
pays qui a un monarque à sa tête lui appartient en propre ainsi que
tous ses habitants, lesquels le vénèrent comme un dieu sur terre. Le
pays est ainsi appelé *royaume.

Si le monarque est un homme au coeur pur, il fera beaucoup pour
le bonheur de son peuple. Mais si l'enfant qui hérite de son trône
n'hérite pas aussi de ses vertus et devient un chef indigne, un tyran,
il fera beaucoup de mal à son pays. Le peuple n'aura le choix qu'entre
deux attitudes : ou bien accepter de devenir l'esclave de ce tyran jus-
qu'à sa mort tout en le glorifiant par-dessus le marché, ou bien se
révolter contre ce mauvais roi et le destituer par la force. C'est pré-
cisément ce qu'on appelle une *guerre révolutionnaire. Bien souvent,
après une guerre révolutionnaire, les citoyens désirent réorganiser
leur pays sur un type de régime différent, comme il suit :

Avant toutes choses, ils établiront une loi selon laquelle le pays
appartient désormais à tous les nationaux et non plus à un monarque
tout seul. La terre appartient au peuple. Le pouvoir de réorganiser le

Gbïä tî sïöbê ayeke gi tî lo gï nzönî tî lo wanî, namüngö mosoro tî ködörö nî kûê na ngangü gï ngbanga tî lo ôko. Fadë lo sâra sïonî mîngi na halëzo tî lo, sï fadë ködörö abuba, agä ndo tî pâsi na mawa. Ndâ nî laâ sï, töngana *ngoi tî vötëngö-gbïä asï awe, fôko âzo tî ködörö kûê adutï na *kpëngbä-lê, abâa taâ zo tî mbîrîmbîrî sï amû lo töngana *gbïä tî ködörö.

SÊGBÏÄ

Dütïngö gbïä na li tî ködörö laâ aîri nî : *sêgbïä. Marä tî sêgbïä ayeke ndê ndê, alîngbi na lêgë sô âzo tî ködörö ayê tî lekena dutï tî âla na yâ tî ködörö nî. Na yâ tî âmbênî ködörö, zo agä gbïä gï ndâli tî sô babâ tî düngö-lo ayeke gbïä kôzonî. Atene : lo mû gbïä na pekô tî babâ tî lo, wala : lo mû *madä tî babâ tî lo, wala : lo yeke *wamadä tî babâ tî lo. Sô yê nî ayeke töngasô sô, âgbïä tî ködörö nî kûê alöndö gï na yâ tî söngö ôko : *söngö tî gbïä nî. Zo tî vötëngö âla ayeke pëpëe. Ndâ nî laâ, ë îri marä tî sêgbïä sô ë tene : *sêgbïä tî madä, wala : *sêgbïä tî sêwâ, ndâli tî sô, mîngi nî, môlengê tî sêwâ tî gbïä nî laâ ayeke mû madä tî babâ nî. Zo sô agä gbïä ndâli tî sêwâ töngasô ayeke *gbïä-sêwâ. Ködörö sô gbïä-sêwâ adutï na li nî ayeke yê tî lo wanî na âzo tî yâ nî kûê, sô ayeke voro lo töngana nzapä tî sêse. Ndâ nî 'mvenî e îri ködörö sô ë tene : *ködörö-gbïä.

Töngana gbïä-sêwâ nî ayeke zo tî nzöbê, fadë lo sâra nzönî mîngi na halëzo tî lo. Me, töngana môlengê tî lo, sô amû madä tî lo, amû ngâ pekô tî lo na särängö nzönî yé sô pëpëe, sï lo gä gbïä tî sïöbê, wala *bokasa, fadë lo sâra sïönî mîngi na ködörö tî lo. Fadë halëzo alîngbi tî sâra gï yê ûse : wala âzo ayêda tî gä ngbâa tî bokasa sô nbgiii asï na lâ tî kûâ tî lo, na göndängö lo na ndöbênî; wala âla *lesua na terê tî sïönî gbïä sô, alungûla lo na yâ tî gbïä nî na ngangü. Sô-mvenî aîri nî atene : *birä tî lesüä. Mîngi nî, na pekô tî birä tî lesüä, âwaködörö nî ayê tî leke ködörö tî âla na ndö tî mbênî sêgbïä ndê, töngana tî sô :

Kôzonî kûê, âla yeke lü ndia atene : ködörö nî ayeke fadësô tî âzo kûê, ayeke gï tî gbïä-sêwâ mbênî pëpëe. Sêse ayeke tî Halëzo. Nga- ngü tî lëkëngö ködörö akîri na mabôko tî Halëzo. Fadëso, mbênî zo alî-

pays revient au peuple. Dorénavant, on ne peut devenir chef que si on est élu par le peuple. C'est le peuple lui-même qui donne au chef élu un certain nombre d'années au bout duquel il le réélit ou élit quelqu'un d'autre à la tête du pays. Ainsi, au cas où le peuple n'est pas satisfait du travail d'un président, il attendra que son *mandat soit terminé pour élire quelqu'un d'autre. Parce que dans ce régime tout pouvoir vient du peuple, on l'appelle *démocratie et le pays devient une *ré- publique. Certains pays prennent le nom de république populaire pour bien souligner que c'est le peuple qui y gouverne. D'autres s'appellent *république révolutionnaire, affichant ainsi que leurs habitants ont *mené une lutte révolutionnaire contre un chef tyrannique et qu'ils n'entendent pas redevenir les esclaves d'un autre tyran ou d'un quelconque pays étranger.

LA *CONSTITUTION

L'ensemble des lois fondamentales choisies par le peuple pour servir de base à la construction des structures du pays forme la *constitution du pays. Aucune loi votée ultérieurement ne peut aller à l'encontre de la constitution. Si un jour une question grave se pose, et que les gens estiment qu'il serait bon de changer même légèrement quelques dispositions de la constitution afin de débloquer la situation pour le bien du pays, il faudra alors que les autorités du pays prennent l'avis de toute la population sur cet *amendemant avant d'y procéder. Les gens voteront s'ils acceptent l'amendement ou s'ils le rejettent. Ce n'est que lorsque les avis favorables l'emportent sur les avis défavorables que les autorités peuvent procéder à l'amendement en question. Dans le cas contraire, elles ne doivent absolument pas modifier la constitution. C'est cela que l'on appelle un *référendum.

LES ÉLECTIONS

A la période des élections présidentielles, tous ceux qui entrent en lisse pour devenir *président de la république se présentent devant le peuple. Ils parcourent le pays organisant des réunions dans chaque petit village. On dit qu'ils *tiennent un discours aux gens. Dans ces *entretiens, ils exposent aux gens tout ce qu'ils feront pour le mieux-être du pays s'ils sont élus. Ils peuvent aussi dénoncer ce qui ne va pas dans les activités du chef de l'état sortant ou dans les pro-

ngbi tî gä gbïä gî töngana Halëzo avotêe lo. Halëzo 'mvenî adîko ngû
na gbïä sô âla votêe lo sô, sî töngana wüngö tî ngû sô ahûnzi awe, âla
kîri avotêe lo tî fânî ûse nî, wala âla votêe mbênî zo ndê na li
tî ködörö nî. Töngasô, töngana âla yê kua tî mbênî gbïä pëpëe, âla lî-
ngbi tî kü ngbiii *ngûkua tî lo ahûnzi awe, sî âla votêe mbênî zondê.
Ndâli tî sô, na yâ tî sêgbïä sô, ngangü kûê alöndö na mabôko tî Halë-
zo, fadë ë îri nî ë tene : *sêgbïä tî halëzo, sî ködörö nî agä *ködö-
rösêse. Âmbênî ködörö ayeke sô amû îrî tî *ködörösêse tî halëzo, tî fa
polêlê atene : taâ gî halëzo 'mvenî ayeke gbû ködörö nî. Âmbênî amû
îrî tî *ködörösêse tî lesüä wala *lesüä ködörösêse, tî fa atene : âzo
tî yâ tî ködörö sô *alesua na terê tî mbênî sïonî gbïä, sî âla yê tî
kîri tî tî ngbâa tî mbênî bokasa wala mbênî *ködörö-wandê pëpëe.

GBEGÜNDIA

Gbâ tî ândia tî gündâ nî sô kûê halëzo amû sî alü ködörö na ndö
nî sô, aîri nî *gbegündia tî ködörö nî. Âtanga tî ndia sô kûê fadë âzo
avotêe na pekônî, alîngbi tî gue ndê na terê tî gbegündia pëpëe. Töngana,
mbênî lâ, mbênî kpälë atî, sî âzo kûê abâa atene : ayeke nzönî ânî
sanzêe mbênî yê kêtê na yâ tî gbegündia nî, sî ködörö asavâa, fadë âkö-
mändëmä tî ködörö nî akîri ahûnda âzo kûê na ndö tî *sänzëmä sô kôzonî
sî. Fadë âzo avotêe atene âla yêda na sänzëmä nî wala âla ke nî . Gî
töngana âwayëngö-da awü ahö âwakëngö-nî sî fadë âkömändëmä nî alîngbi
ti sanzêe kâmba tî ndia ôko sô na yâ tî gbegündia nî. Töngasô pëpëe,
âla lîngbi tî ndû gbegündia nî pëpëe. Sô-mvenî aîri nî *hündängo-halë-
zo.

*VÔTE

Töngana tângo tî müngö mbênî finî gbïä agä awe, âzo sô kûê *alï
mandako tî gä *gbïä tî ködörö afa terê tî âla na lê tî halëzo. Âla fo-
no na yâ tî âkêtê kêtê ködörö nî ôko ôko, tî bûngbi âzo tî tene tënë
na âla. Atene âla yeke *löngbi lö na âzo. Na yâ ti *lisoro tî âla nî,
âla yeke fa na âzo yê sô kûê fadë âla sâra tîtene ködörö nî agä nzönî,
sô töngana avotêe âla gbïä. Âla lîngbi ngâ tî fa na âzo yê sô asavâa

grammes des autres candidats. On appelle cela une *polémique électorale*. En toutes convenances, les concurrents ne devraient pas garder rancune les uns aux autres ou en venir aux mains à cause d'une polémique électorale. Il appartient aux autorités du pays de fixer la date d'ouverture de la *campagne électorale*, un ou deux mois environ avant le *jour du vote*, où les gens vont aller aux urnes.

Bien avant le jour du vote, les organisateurs des élections *partagent tout le pays en petites concessions appelées *circonscriptions électorales*. Chacune de celles-ci comprend un ou plusieurs *bureaux de vote* selon l'importance de la population en mesure de voter dans la *circonscription. Mais ce ne sont pas tous ceux qui résident dans un pays qui peuvent aller voter. De toute évidence, un enfant de trois ans ne peut aller voter car il n'y comprendrait rien. C'est pourquoi le *code électoral* précise que les *étrangers ainsi que les enfants de moins de quinze ans ne peuvent pas voter. On n'appelle *électeurs* que ceux qui peuvent voter. C'est pourquoi le *gouvernement écrit les noms de tous les électeurs de chaque circonscription, les répartit dans les bureaux de vote, et leur donne un papier dénommé *carte d'électeur, sur lequel on a écrit leurs noms ainsi que tout ce qui prouve qu'ils sont bien des Centrafricains et des électeurs. Soit, par exemple : *l'âge de la personne, sa *profession, son *adresse (ou son domicile), sa *nationalité, le numéro du bureau où elle ira voter[4]. Une même personne ne peut recevoir qu'une seule carte d'électeur. D'autre part, si un citoyen remplit effectivement toutes les conditions légales pour être électeur, personne n'a le droit de lui refuser sa carte d'électeur. Quiconque le fait enfreint la loi. C'est pourquoi un *gouvernement responsable doit tout mettre en oeuvre pour que *tous* les électeurs reçoivent leur carte d'électeur *avant* que le jour du vote n'arrive. Ce jour là, ils iront au bureau de vote munis de leur carte pour voter.

LE BUREAU DE VOTE

La première chose dont tout bureau de vote doit être équipé est une *urne*, car c'est là-dedans que les électeurs déposeront les *bulletins de vote* de leur choix.

En deuxième lieu, les *bulletins de vote*. Il faut que les bulle-

---

[4]Cf. *annexe I.

äpëe na yâ tî kusâra tî gbïä tî ködörö nî sô ayeke sîgî sô, wala na yâ tî sêndâkua tî âmbâ tî âla *âwamandako nî. Aîri sô : *papa tî vôte. Tî sâra yê na lêgënî, *âwagbügbürüngö-vôte nî adu fadë tî zîa bê na âmbâ tî âla wala tî tiri na âla, ndâli tî papa tî vôte pëpëe. Âkömändëmä tî ködörö laâ ayeke tî fa kâpä sô *mandako tî vôte ni ayeke löndö da, nze ôko wala ûse töngasô kôzonî na *lâ tî vôte nî 'mvenî, sô âzo ayeke gue tî *votêe da sô.

Kôzonî sî lâ tî vôte nî asî, âwabängö lêgë tî kusâra tî vôte nî kûê, *asûngbi yâ tî ködörö nî na nzêre nzêre gbägbä sô aîri nî *gbefâ tî vôte. Na yâ tî gbefâ tî vôte ôko ôko, zo alîngbi tî wara *biröo tî vôte ôko wala mîngi, alîngbi na wüngö tî âzo sô alîngbi tî votêe na yâ tî *gbefâ nî. Me, âzo sô kûê na yâ tî ködörö laâ alîngbi tî gue tî vo-têe pëpëe. Kêtê môlemngê tî ngû otâ amä ndâ tî tënë töngana nye sî lô votêe. Nî laâ *ndia tî vôte atene mbîrîmbîrî atene : *âwandê, ngâ na âmôlengê sô ngû tî âla âde alîngbi na balë-ôko na okü pëpëe, alîngbi tî votêe pëpëe. Gî âzo sô alîngbi tî votêe laâ aîri âla *âwavôte. Ndâ nî laâ, *gövörömä ayeke sû ïrï tî âwavôte tî yâ tî gbefâ ôko ôko kûê, ayeke kângbi âla na yâ tî âbiröo tî vôte ni, ayeke mû na âla mbênî mbë-tï, sô aîri nî *kârâte tî wavôte, sô asâra ïrï tî âla na lênî, na yê sô kûê afa atene âla yeke taâ Wabêafrîka na wavôte bîanî. Ayeke yê tö-ngana : *Ngû tî wanî, *kusâra tî wanî, *lindo tî wanî (wala ndo sô lo du da), ködörö tî wanî, nzôroko tî biröo sô fadë lo votêe da[4]. Zo ôko alîngbi tî wara kârâte tî wavôte gî ôko. Na mbâgë, töngana waködörö alîngbi taâ bîanî tî dutï wavôte na lê tî ndia, zo ôko tî gbânzi lo na kârâte tî wavôte ayeke da pëpëe. Zo sô agbânzi lo na nî, asâra sïonî na lêgë tî ndia. Ndânî laâ, *gövörömä tî mbîrîmbîrî ayeke sâra kûê tî-tene âwavôte kûê awara kârâte tî âla tî wavôte kôzonî sî lâ tî vôte asî. Lâ nî âsî awe, âla gue na biröo tî vôte, na kârâte tî âla, tî vo-têe.

BIRÖO TÎ VÔTE

Kôzo yê sô fôko adutï na yâ tî biröo tî vôte kûê laâ : *sandûku tî vôte. Nî-mvenî sî âwavôte nî ayeke bi *mbëtïvôte sô bê tî âla ayê na yânî.

Ûse yê nî laâ : mbëtïvôte. Fôko gbâ tî mbëtïvôte tî âwamandako nî

---

[4]Bâa *kuba I.

tins de tous les candidats soient exposés publiquement en tas et en quantités égales. Un paquet d'*enveloppes vides doit également être déposé à proximité.

Troisièmement, la *liste des électeurs, un livre sur lequel les noms des électeurs ont été préalablement écrits. Seules les personnes inscrites sur cette liste peuvent voter dans un bureau donné. Ainsi, une même personne ne pourra pas aller voter dans deux ou trois bureaux de vote.

Quatrièmement, un endroit où l'on peut s'isoler et qui s'appelle l'*isoloir. Personne d'autre que le votant n'a le droit d'entrer dans l'isoloir, car le votant doit être absolument tout seul au moment où il prend le bulletin de son choix pour l'introduire dans l'enveloppe, ainsi que nous allons le décrire plus loin.

Les personnes suivantes travaillent dans un bureau de vote :
*le responsable de l'urne qui est le véritable *président du bureau de vote. C'est lui qui doit veiller sur l'urne et assurer le bon déroulement des opérations dans le bureau.
*le contrôleur, chargé de pointer les noms des électeurs qui ont effectivement voté.
*le rapporteur, qui note par écrit tout ce qui se passe dans le bureau de vote. C'est le rapport qu'il aura écrit qui permettra de savoir comment le vote s'est déroulé. Ce qui s'appelle le *procès-verbal du bureau.
*les représentants des partis politiques. Chaque candidat peut envoyer un de ses hommes dans chaque bureau de vote pour s'assurer que les élections se déroulent bien conformément à la loi, et en faire un rapport pour son parti.
*l'assistant, dont le rôle est de porter assistance aux gens, notamment ceux qui se perdent dans les opérations à suivre. Le plus souvent, c'est lui qui prélève ostensiblement un bulletin de vote sur chaque tas et remet le tout à un votant mal assuré avant de le diriger vers l'isoloir. Il fait aussi tout ce que le président du bureau lui demande afin d'assister les gens dans le bureau de vote.
*les appariteurs, parce qu'il arrive que les gens se bousculent devant certains bureaux de vote, il serait bon que quelques appariteurs *grands et musclés comme il se doit, montent la garde à l'entrée du bureau. les électeurs iront voter un à un, et tout désordre sera évité.

Toutes ces personnes constituent les *membres du bureau de vote.

ôko ôko kûê adu da polêlê, alîngbi-terê na wüngö nî. Sî fôko gbâ tî
*bozömbëtî, sô yâ nî sêngê-sêngê, adu da ngâ na terênî.

Otâ nî laâ : *bûku tî âwavôte, sô asâra îrî tî âla da kôzonî. Gî
âla sô îrî tî âla ayeke na yâ tî bûku nî laâ alîngbi tî votêe na yâ tî
biröo tî sô. Töngasô sî mbênî zo gî ôko alîngbi tî gue tî votêe na yâ
tî âbiröo ûse-otâ pëpëe.

Usïö nî laâ : mbênî ndo sô zo alîngbi tî lî da gî lo ôko. Aîri
nî : *köbö ndo. Gî wavötëngö-nî ôko laâ alîngbi tî lî na yâ tî köbö ndo
nî, ngbanga tî sô, fôko lo du gî lo ôko, sî lo mû mbëtîvote tî bê tî
lo azîa na yâ tî bozömbëtî nî, töngana tî sô fadë ë fa ânde ge sô.

Âzo sô ayeke sâra kua na yâ tî biröo tî vôte ayeke sô :
*wasandûku, sô ayeke taâ *mokönzi tî biröo tî vôte nî. La laâ lêtî lo
ayeke kpêngba na ndö tî sandûku tî vôte nî, sî lo yeke bâa ngâ lêgë
tîtene vôte nî atambûla nzönî na yâ tî biröo nî.
*wakônde, kua tî lo laâ tî kpaka nzorôko na gbelê tî îrî tî âzo sô agä
avotêe awe.
*watöndö, lo laâ lo yeke sû na mbëtî pekô tî âyê sô kûê ayeke sâra na
yâ tî biröo tî vôte nî. Mbëtî sô lo sû sô laâ alîngbi tî fa lêgë sô
vôte nî apasêe na nî. Aîri nî atene : töndö tî biröo nî.
*âwakamâ, wamandako ôko ôko alîngbi tî to mbênî zo tî lo ôko na yâ tî
biröo tî vôte ôko ôko, tî bâa wala kua tî vôte nî ayeke tambûla na lêgë
tî ndia nî?!, sî lo tondo pekô nî na kamâ-porosö tî lo.
*wazängö-zo, lo yeke na ndo sô tî mû mabôko na âzo, âla sô ahînga tî
särängö-yê na lêgënî pëpëe. Mîngi nî, lo laâ ayeke lokôto âmbëtîvôte
nî ôko ôko kûê na lê tî âzo kûê, tî mû nî na mbênî wavôte sô ahînga
kodë nî nzönî pëpëe. sî lo yeke fa na lo ngâ lêgë tî köbö ndo. Lo yeke
sâra ngâ yê sô kûê wasandûku nî ahûnda na lo tî sâra tî za na âzo na
yâ tî biröo tî vôte nî.
*asânzîrî, ndâli tî sô âzo ayeke gbugburu terê mîngi na yângâda tî âm-
bênî biröo tî vôte, ayeke nzönî, âmbênî âkötä kangba sô *agbakama mbî-
rîmbîrî alütî töngana sânzîrî na yângâda nî, sî âwavôte nî alî ôko ôko
tî votêe. Töngasô sî wûsûwusu adu da äpëe.

Âzo sô kûê laâ aîri âla atene : *âwabiröo tî vôte.

COMMENT VOTER

Avant toute chose, tous les membres du bureau de vote entrent et prennent place, chacun à son poste. Les électeurs se tiennent à distance au dehors, et se mettent en rang en attendant d'être appelés pour venir voter. L'heure venue, le président du bureau de vote, responsable de l'urne ouvre celle-ci devant tout le monde pour faire constater par tous qu'elle est bien vide et vérifier qu'elle n'a pas de double fond. Puis, il referme l'urne à clé devant tous. Alors seulement les gens peuvent entrer voter.

Les premières personnes à entrer dans la salle donnent leur carte au contrôleur qui vérifie si elles sont bien inscrites dans ce bureau, et repère leurs noms sur la liste. Puis il passe les cartes au responsable de l'urne pour que celui-ci les appelle. S'il ne trouve pas leurs noms parce que ce n'était pas à ce bureau qu'ils devaient se présenter, il leur rend leur carte et elles sortent pour se rendre au bon bureau de vote. En cas de contestation, l'assistant viendra sortir le contestataire et tout lui expliquer calmement. Si la personne ne veut toujours rien entendre, c'est qu'elle n'est venue là que pour chercher querelle afin de nuire au bon déroulement des élections. Les appartiteurs s'occuperont d'elle.

Lorsque le responsable de l'urne vous appelle, vous vous présentez devant la table où sont disposés l'urne, les paquets de bulletins et d'enveloppes. Et vous prélevez un bulletin par tas et sur tous les tas, ainsi qu'une enveloppe et une seule. Vous allez vous cacher dans l'isoloir où vous prenez un seul des bulletins — celui du candidat de votre choix — parmi tous ceux que vous venez de prélevez, et vous l'introduisez dans l'enveloppe. Si vous ne voulez voter pour personne, vous laissez l'enveloppe vide. Tous les bulletins restés entre vos mains, vous les empochez ou les attachez à votre pagne si vous êtes une dame. Vous sortez à présent en ne tenant en main que l'enveloppe que vous irez déposer publiquement dans l'urne. A cet instant, le responsable de l'urne annoncera à haute voix : "A voté !". Aussitôt le contrôleur inscrira une marque devant votre nom sur la liste pour signifier que vous avez voté. Ainsi vous ne pouvez pas revenir voter une seconde fois dans ce bureau. Par ailleurs, le contrôleur applique un cachet et signe son nom au dos de votre carte d'électeur, avant de vous la rendre. Ainsi, vous ne pourrez pas l'utiliser pour voter une seconde fois dans un autre bureau de vote.

LÊGË TÎ VÖTËNGÖ NÎ

Kôzonî kûê, âwabiröo tî vôte nî agä kûê adutï, zo ôko na sê tî lo. Âwavôte nî akü yongôro wala na gîgî, aleke terê tî âla na molongö, akü tîtene aîri âla sï âla gä avotêe. Ngbonga nî âlîngbi awe, wasandûku nî azî yângâ tî sandûku nî na lê tî âzo kûê, tîtene âla bâa yâ nî ayeke taâ sêngê, âla tara gündâ nî tî hînga atene mbênî ûse gûndâ nî ayeke da pëpëe. Na pekônî, wasandûku nî akânga yângâ tî sandûku nî na kêlêlê na lê tî âzo kûê. Sï fadësô, âzo alîngbi tî lï tî votêe.

Âkôzo âzo sô alï na yâ tî da nî, amû kârâte tî âla na wakônde tî-tene lo bâa wala asâra ïrï tî âla na biröo sô bîanî?! Töngana lo wara ïrï tî âla na yâ tî bûku tî awavôte nî awe, lo mû kârâte nî na wasa-ndûku, tîtene lo îri âla. Töngana lo wara ïrï tî âla pëpëe ngbanga tî sô ayeke biröo sô âla du fadë tî gä da laâ pëpëe, lo kîri kârâte nî na âla sï âla sîgî ague na nzönî biröo nî. Töngana papa atï da, fadë wa-zängö-zo agä amû zo nî asîgî na lo afa ndâ tî tënë nî kûê na lo yeeke. Töngana zo nî ayê tî mä-ndo pëpëe, kandâa lo gä ndo sô gï tî gi parâba, tî buba nzönî tambûla tî vôte nî. Fadë âsânzîri abâa lêgë tî lo.

Wasandûku aîri mo awe, mo gä na gbelê tî mêzä sô aleke sandûku nî da na âgbâ tî âmbëtïvôte nî na tî âbozömbëtï nî kûê sô. Mo lokôto âm-bëtïvôte nî ôko ôko kûê, mo mû ngâ mbênî bozömbëtï gï ôko na terê nî. Mo gue mo hônde terê tî mo na yâ tî köbö ndo, sï mo mû mbëtïvôte gï ôko, — lo tî wamandako tî bê tî mo —, na pöpö tî âla sô kûê mo lokôto fadë sô, mo zîa nî na yâ tî bozö tî mbëtï nî. Töngana mo yê tî votêe ndâli tî mbênî zo ôko pëpëe, mo bata bozö nî yâ nî sêngê. Âmbëtïvôte sô angbâ na mabôko tî mo kûê, mo yôro nî na yâ tî bozö tî mo, wala mo gbë nî na mapîâ tî bongö tî mo, sô mo wâlï. Mo sîgî fadëso gï na bozö-mbëtï sô na mabôko tî mo, sï mo gue na lê tî âzo kûê, mo yôro nî na yâ tî sandûku tî vôte nî. Lêgë-ôko sô mo yeke yôro bozömbëtï nî da sô, wasandûku nî adëköngö atene : "Avotêe awe". Sï wakônde nî amä töngasô, akpaka nzoröko na gbelê tî ïrï tî mo na yâ tî bûku nî tî fa atene mo votêe awe. Töngasô, mo lîngbi tî kîri tî votêe fânî ûse na yâ tî biröo sô mbênî pëpëe. Ngâ na mbâgë, wakônde nî apîka tapöon sï akpaka ïrï tî lo na pekô tî kârâte tî mo tî wavôte nî, kôzonî sï akîri na nî na mo. Töngasô, mo lîngbi tî gue na nî na yâ tî mbênî biröo ndê tî votêe ka tî ûse nî pëpëe.

LE DÉCOMPTE DES *VOIX

Les gens votent du matin au soir dans les limites des heures indiquées par le gouvernement. Dès que l'heure de la fin a sonné, plus personne ne peut plus venir voter. Le responsable de l'urne demande aux appariteurs de faire sortir tout le monde. Il ne ferme les portes que sur les seuls membres du bureau. Ensuite, devant eux tous, il procède au décompte des électeurs avec l'aide du contrôleur.

Comme nous le savons déjà, on appelle *électeur* tout citoyen âgé d'au moins quinze ans révolus et légalement capable de voter. Au moment où on demandait aux gens d'aller se faire inscrire en vue des élections, ce ne sont pas forcément tous les électeurs qui ont accouru pour s'inscrire. Certains ont pu se trouver loin de tout bureau de vote, soit parce qu'ils étaient à l'étranger, soit pour d'autres raisons. C'est pourquoi on appelle les électeurs qui ont pu être effectivement enregistrés, des *inscrits*. Ce sont eux qui détiennent leur carte d'électeur car leurs noms figurent sur le registre des électeurs. Mais l'on peut bien posséder sa carte d'électeur et être empêché d'aller voter, soit par une maladie, une occupation, ou simplement parce qu'on est arrivé en retard. C'est pourquoi on dénombre tout ceux qui ont effectivement voté en les appelant *les votants*. De même qu'un électeur ne peut devenir un inscrit qu'après avoir été effectivement enregistré, de même il ne peut être désigné par le terme votant, qu'après avoir effectivement voté. C'est pourquoi on dit que le nombre total des nationaux dépasse celui des électeurs en leur sein, celui des électeurs est nécessairement égal ou supérieur à celui des inscrits, lequel est nécessairement égal ou supérieur à celui des votants. C'est aussi pour cette raison que la première des choses à faire à la fin du scrutin dans un bureau de vote est de vérifier le nombre des inscrits et des votants. S'il y a plus de votants que d'inscrits, c'est qu'il y a eu erreur dans les comptes, ou fraude dans les votes. Il faut vérifier les comptes pour savoir s'il y a eu fraude ou non. S'ils avaient bien fait leur travail, les membres du bureau aboutiraient nécessairement à des nombres logiquement ordonnés.

Ils notent à part le nombre des inscrits et celui des votants tels qu'ils les ont décomptés. Puis, le responsable de l'urne ouvre celui-ci devant toutes les personnes présentes dans le bureau. On compte toutes les enveloppes contenues dans l'urne. Leur nombre doit être égal à celui des votants dénombrés tantôt. Ensuite on ouvre chaque enveloppe pour en vérifier le contenu et le compter séparément selon sa nature, comme indiqué ci-après :

DÏKÖNGÖ *ÂGBEGÔ

Âzo ayeke votêe na ndäpêrê asî na lâkûi, alîngbi na ngbonga sô gövörömä afa. Töngana ngbonga tî ndâ nî alîngbi awe, zo alîngbi tî gä tî votêe mbênî pëpëe. Wasandûku nî ahûnda na âsânzîrî tîtene âla sâra tanga tî âzo kûê na gîgî, akânga biröo nî gî na ndötî âla âwabiröo nî. Sî na lê tî âla kûê, lo na wakônde nî asâra kônde tî awavôte nî.

Töngana sô ë hînga awe sô, zo sô aîri lo *wavôte* ayeke waködörö kûê sô ngû tî lo alîngbi balë-ôko na okü awe sî ndia amû na lo ngangü tî gue tî votêe. Na ngoi sô sî atene âzo agä asâra îrî tî âla na mbêtî kôzonî sî lâ tî vôte asî, âwavôte kûê laâ ayeke kpë tî gä pëpëe. Âmbênî âzo ayeke yongôro na terê tî biröo tî vôte kûê, wala ngbanga tî sô âla yeke na ködörö-wandê, wala ngbanga tî mbênî tënë ndê. Ndâ nî laâ, atene âwavôte, sô asâra îrî tî âla na mbêtî, ayeke *âwagbesû. Âla laâ ayeke na kârâte tî âla tî wavôte, ngbanga tî sô îrî tî âla ayeke na yâ tî bûku tî vôte awe. Me, zo alîngbi tî wara kârâte tî lo tî wavôte kûê, mbênî yê alîngbi tî gbânzi lo tî gue tî votêe, mbênî yê töngana kobêla, kûâ, wala sêngê gängö na ndânî. Nî laâ, adîko ngâ âzo sô kûê avotêe taâ bîanî awe atene âla yeke *âwavötëngö-nî. Lêgë-ôko töngana sô wavôte âzîa îrî tî lo na mbêtî awe, sî lo gä wagbesû, lêgë-ôko ngâ, lô votêe awe sî lo gä wavötëngö-nî. Ndâ nî laâ sî atene : wüngö tî âwaködörö ahö tî âwavôte sô na pöpö tî âla; wüngö tî âwavôte kûê alîngbi wala ahö tî âwagbesû, alîngbi tî nge ahö nî pëpëe; wüngö tî âwagbesû kûê alîngbi wala ahö wüngö tî âwavötëngö-nî, alîngbi tî nge ahö nî pëpëe. Ndâ nî ngâ laâ, kôzo yê tî särängö nî na pekô tî vôte, na yâ tî biröo tî vôte, laâ tî dîko wüngö tî âwagbesû na âwavötëngö-nî kûê. Töngana wüngö tî âwavötëngö-nî akono ahö tî âwagbesû nî, kandâa âla girisa na yâ tî dîko nî wala mbênî nzî atî na yâ tî vôte nî. Fôko âla kîri adîko mbîrîmbîrî tî bâa wala nzî ayeke da pëpëe. Töngana âla sâra kua tî âla fadë na lêgënî, âla lîngbi tî wara âwüngö nî kûê gî na lêgënî ngâ.

Âla sû wüngö tî âwagbesû nî na tî âwavötëngö nî sô âla dîko sô azîa yâmba. Fadësô, wasandûku nî alungûla yângâ tî sandûku nî na lê tî âzo kûê sô na yâda tî biröo nî. Âla dîko âbozömbëtî sô kûê âla wara na yâ nî. Wüngö nî adu tî lîngbi lîngbîngö na wüngö tî âwavötëngö nî sô âla zîa yamba kôzonî sô. Na pekônî, âla zî yângâ tî âbozömbëtî nî ôko ôko, adîko yê sô âla lîngbi tî wara na yâ nî, na marä nî ndê ndê töngasô :

48

a) Sont comptées à part les *enveloppes vides, appelées aussi *bulletins blancs.

b) Les enveloppes contenant, soient deux bulletins de vote différents, soient un bulletin déchiré, froissé, ou plié, de telle sorte qu'il est aisé de constater que le votant en disposait avant d'entrer dans le bureau de vote pour l'introduire dans l'enveloppe. Tous les bulletins de cette sorte ne sont pas valables et doivent être comptabilisés à part. On les appelle des *bulletins nuls.

c) Les enveloppes contenant un bulletin unique et valide sont comptabilisées séparément en fonction des candidats dont les bulletins ont été choisis. On les appelle des *bulletins valides, des *voix, ou des *suffrages exprimés. La totalité des bulletins valides recueillis par un candidat est la totalité des voix que les électeurs lui ont données.

Les membres du bureau envoient au gouvernement le décompte des voix ainsi que le *procès-verbal de leurs travaux[5]. De leur côté, les représentants des partis au sein du bureau envoient les résultats ainsi que leur propre rapport à leurs partis respectifs. S'ils sont d'accord avec le procès-verbal rédigé par le rapporteur à l'intention du gouvernement, ils y apposeront leur signature *après* le président du bureau. Mais si, contrairement aux autres membres du bureau, ils n'approuvent pas le rapport tel qu'il a été établi, ils doivent refuser de le signer et en informer fidèlement leurs partis.

Du côté du gouvernement, c'est le ministère de l'intérieur qui s'occupe de toute l'organisation des élections. C'est lui qui rassemble tous les résultats provenant de tous les bureaux de vote et établit les statistiques générales, ce que l'on appelle *le total des voix. Conformément à la loi, seul le candidat qui a obtenu un nombre de voix au moins égal à la moitié du total général des voix, plus une voix, aura gagné et sera président. Si par exemple le total général des voix est d'un million (1.000.000), le président sera celui qui aura obtenu cinq cent milles voix plus une (500.001). Mais si aucun candidat n'obtient plus de la moitié du total des voix, on dit qu'il y a *ballotage. Dès lors, les deux candidats ayant plus de voix que les autres entrent à nouveau en lisse pour un *deuxième tour. Et tout le monde retourne aux urnes pour la seconde fois. Et cette fois-ci, celui des deux qui aura plus de voix que l'autre sera proclamé président. C'est pourquoi, après le *premier tour, le gouvernement doit diffuser systématiquement

---

[5]Voir annexe III, page 84.

a) bozömbëtï sô yê ôko ayeke na yâ nî pëpëe, âla dîko nî ndê. Aîri nî atene : *bozö sêngê, wala *pôsâ mbëtïvôte wala *pôsâ gbegô.

b) bozömbëtï sô, âmbëtïvôte tî marä ndê ndê ayeke na yâ nî ûse, wala sô mbëtïvôte ayeke na yâ nî gï ôko me asûru wala atita mîngi wala angû-ngbi, sï zo alîngbi tî bâa bîakü atene wavötëngö-nî ayeke na nî kôzo-nî, sï alï azîa na yâ tî bozömbëtï nî sô. Âmarä tî mbëtïvôte sô kûê sô, ayeke nzönî pëpëe, fôko âla dîko nî ndê. Aîri nî *âkpäkë mbëtïvô-te.

d) bozömbëtï sô mbëtïvôte ayeke da gï ôko na lêgënî, âla dîko nî ndê ndê ndê alîngbi na âwamandako sô mbëtï tî âla asîgî sô. Aîri nî atene *boro mbëtïvôte wala *gbegô. Gbâ tî wüngö tî âboro mbëtïvôte tî wamandako ôko ôko ayeke gbâ tî âgbegô sô âwavôte amû na lo.

Âwabiröo nî abûngbi kônde tî âgbegô nî na *töndö tî kua tî âla nî kûê, ato nî na gövöromä[5]. Âwakamâ sô na yâ tî biröo nî sô ayeke to ngâ kônde nî na töndö tî kua nî, sô âla-mvenî asû, na kamâ-porosö tî âla. Töngana âla yêda na töndö sô watöndö asû tî to na gövöromä sô, âla sû ïrï tî âla na gbenî na pekô tî wasandûku nî. Me töngana âla na tanga tî âwabiröo nî amângbi na ndö tî töndö sô pëpëe, fôko âla ke tî sû ïrï tî âla na gbenî. Âla tondo pekô tî tënë nî kûê na kamâ-porosö tî âla.

Na mbâgë tî gövöromä, *Dakpälë tî Yâködörö laâ ayeke kipïi kua tî vôte nî kûê. Lo laâ ayeke bûngbi âkônde sô kûê âbiröo tî vôte ndê ndê ndê kûê ayeke to na lo sï lo yeke sâra kötä kônde nî kûê, sô aîri nî atene : *kundü tî âgbegô. Na lêgë tî ndia, gï wamandako sô awara wüngö tî âgbegô alîngbi wala ahö ndâmbo tî kundü tî âgbegô nî kûê, na gbegô ôko na ndöbênî, laâ asö banda, sï atï gbïä nî. Töngasô, âdu kundü tî âgbegô nî kûê alîngbi na kôto ôko (1.000.000), lo sô awara gbegô sâki ngbangbo okü na ndönî ôko (500.001), wala ahö nî, laâ atï gbïä. Me tö-ngana mbênî wamandako ôko ahö ndâmbo tî kundü tî âgbegô nî pëpëe, ate-ne, vôte nî *aɓungu awe. Töngasô, âla ûse sô awara gbegô ahö âmbâ tî âla kûê akîri alï mandako nî tî ûse nî. Atene sô *ûse fânî. Sï zo kûê akîri ague avotêe tî ûse nî. Sï, tî sô, lo sô, na pöpö tî âwamandako ûse sô sï ahö mbâ tî lo, laâ asîgî gbïä nî. Ndâ nî laâ, na pekô tî vôte tî *kôzo fânî, fôko gövöromä avunga kônde nî kûê polêlê, sï zo kûê amä

---

[5]Bâa : Kuba III, lêmbëtï 84.

le décompte des voix, afin que tout le monde puisse l'entendre à la radio et connaisse, soit le nom du nouveau président, soit ceux des candidats devant entrer en lisse pour un second tour. On appelle cela la *proclamation des résultats des élections*, et l'on dit que le gouvernement *publie* les résultats des élections ou les *diffuse systématiquement* dans tous le pays.

Parce que l'élection d'un chef d'Etat est une affaire très importante, il faut que chaque citoyen comprenne qu'il est de son *devoir de citoyen* — et non des moindres — d'aller voter. Il ne peut s'y refuser, ni demeurer chez lui, ni considérer cet acte comme une affaire sans importance. Il faut qu'il aille voter pour le candidat de son choix, afin que sa voix s'ajoute à celles de ses compatriotes et contribue à changer les choses dans le pays.

LE GOUVERNEMENT

Une fois élu, le président de la république appelle à lui une personne avec laquelle il peut collaborer harmonieusement au devoir national. Cette personne sera le *premier ministre*. C'est lui qui appellera d'autres personnes qu'il connaît bien et avec qui il peut travailler dans les orientations voulues par le président de la république, et fera d'eux ses *ministres*. Ceux-ci ont des *titres et rangs* professionnels différents. Celui qui les *commande* tous est le premier ministre, lequel est aussi le *chef du gouvernement*. Après lui viennent les *ministres d'état*. Ils sont les plus écoutés du président et du premier ministre dans la conduite des *affaires* du pays. Ensuite viennent les ministres ordinaires simplement appelés *ministres*. Et enfin, les *ministres délégués* qui travaillent sous la tutelle d'un ministre.

Après tous les ministres, il y a d'autres hauts fonctionnaires que l'on appelle des *secrétaires*. Ils ont également des titres et rangs professionnels divers. Ceux que l'on appelle des *secrétaires d'Etat* ont un rang comparable à celui des ministres délégués. Le plus souvent, on les traite comme de vrais ministres. D'autres sont des *secrétaires généraux*. Mais dans certains *services*, on peut trouver un *premier secrétaire* qui est au-dessus des simples secrétaires. Celui qui peut les seconder lorsqu'ils sont trop chargés ou en cas de vacances agir en leur nom, c'est le *secrétaire général adjoint* ou le *premier secrétaire adjoint*. Ensuite viennent les secrétaires ordinaires, et enfin les *secrétaires adjoints* qui aident ces derniers.

na ladĭo, ahînga finî gbĭä nî na nî, wala ahînga ngâ âla sô ayeke lĭ
mandako nî tî ûse nî, sô töngana ûse fânî ayeke da. Aîri sô atene :
vülängö pendâ tî vôte. Atene : gövörömä *avula pendâ tî vôte nî, wala
avunga nî na yâ tî ködörö nî kûê.

Ndâli tî sô vötëngö gbĭä tî ködörö ayeke kötä yê mîngi, ayeke taâ
nzönî tîtene waködörö ôko ôko ahînga atene : sô mbênî kötä *kusâra tî
lo tî waködörö laâ tî gue tî votêe. Lo lîngbi tî ke, tî ngbâ na pekô,
wala tî bâa sô töngana sêngê yê pëpëe. Fôko lo gue lo votêe zo tî bê
tî lo, sĭ gbegô tî lo abûngbi na tî âmbâ tî lo, asanzêe yê na yâ tî
körödö.

GÖVÖRÖMÄ

Âvotêe gbĭä tî ködörö awe, lo yeke îri mbênî zo ôko na terê tî lo,
sô âla na lo alîngbi tî sâra kua tî ködörö nî nzönî. Zo sô ayeke *kôzo
gbenyôgbĭä. Lo laâ ayeke îri âmbênî âzo, sô lo hînga âlanzönî, sô alî-
ngbi tî sâra kua na lo, na lêgë sô gbĭä tî ködörö nî ayê, sĭ lomû âla
na terê tî lo töngana *âgbenyôgbĭä. *Kâmba tî kua tî âgbenyôgbĭä ayeke
ndê ndê ; Lo sô *akomandêe âla kûê laâ kôzo gbenyôgbĭä, sô loyeke ngâ
*gbĭä tî gövörömä nî. Na pekô tî lo laâ : *âgbenyôgbĭä tî Etäa. Ayeke
âla sô gbĭä tî ködörö nî na kôzo gbenyôgbĭä nî amä yângâ tî âla ahö
âtanga nî, na lêgë tî kua tî ködörö nî. Na pekô tî âla laâ âsêngê gbe-
nyôgbĭä sô aîri âla gĭ gbenyôgbĭä, awe. Sĭ na pekônî laâ : *âkötï gbe-
nyôgbĭä, sô âla yeke sâra kua na gbe tî mbênî gbenyôgbĭä.

Na pekô tî âgbenyôgbĭä nî kûê, âmbênî âkpëngbä wakusâra ayeke, sô
aîri âla *âwakuasû. Kâmba tî kua tî âla ayeke ngâ da ndê ndê. Âla sô
aîri âla *Wakuasû tî Etäa ayeke ndurü na kâmba tî âkötï gbenyôgbĭä.
Mîngi nî, âzo abâa âla töngana taâ âgbenyôgbĭä. Âmbênî ayeke *âkötä-
wakuasû. Me, na yâ tî âmbênî *sarawîsi, zo alîngbi tî wara *âkôzo wa-
kuasû, sô adu na li tî âsêngê wakuasû. Lo sô alîngbi tî mû mabôko na
âla, sô töngana kua ahö ndö tî âla, wala tî sâra kua na îrĭ tî âla tö-
ngana âla yeke da pëpëe, laâ *kötï kötä-wakuasû, wala *kötï kôzo wa-
kuasû. Na pekônî laâ âsêngê âwakuasû, sĭ ndângbâ nî kûê laâ *âkötï wa-
kuasû sô ayeke mû mabôko na âsêngê wakuasû nî.

Les titres de secrétaires qui approchent ou égalent celui des ministres ordinaires sont le *secrétaire d'Etat, qui relève directement d'un ministre, le *secrétaire général du gouvernement qui travaille dans le gouvernement et relève du premier ministre, le *secrétaire général à la présidence qui travaille à la présidence et relève du chef de l'Etat. C'est l'ensemble des ministres, toutes catégories confondues, et de ses trois secrétaires de haut rang qui forme ce que l'on appelle le *gouvernement.

C'est le chef de l'Etat qui donne les grandes orientations du devoir national, que chaque habitant du pays pourra s'efforcer d'appliquer dans son travail, à son niveau, pour qu'ainsi le pays tout entier connaisse un meilleur lendemain. On dit que le chef de l'Etat *oriente (ou *conduit) le pays. Quant au gouvernement, il prend l'initiative de toutes les actions concrètes susceptibles de pousser le pays dans la direction indiquée par le chef de l'Etat. On dit que le gouvernement *dirige le pays. *Conduire un pays (par des textes d'orientation) et *diriger un pays (par des textes d'application) sont les deux volets de *l'exercice du pouvoir exécutif. On dit que toutes les autorités *exercent un pouvoir sur le pays.

Il convient de savoir que le président de la république ne peut conduire le pays qu'avec le soutien de son gouvernement. De même le gouvernement ne peut diriger le pays correctement qu'avec la force des lois que *l'Assemblée nationale[6] vote pour lui. Ce qui montre qu'en dernier ressort, ce sont les *députés[6] qui, en supportant le gouvernement, lui permettent de mener à bien son travail à la direction du pays. C'est pourquoi, après avoir *formé le gouvernement, le premier ministre rédige son *programme, traitant de ce qu'il va faire, et le présente à l'Assemblée nationale. Les *parlementaires peuvent refuser ce programme, l'amender ou l'accepter intégralement. Si, après en avoir longuement débattu, ils l'approuvent, alors seulement le gouvernement peut le mettre en application.

LES MINISTÈRES

Tout ce qui peut se produire dans un pays, tel qu'une activité, une affaire, une dispute, ou la vie des gens, fait partie de ce que

---

[6]Voir plus loin, pages 60 à 62.

Âkâmba tî wakuasû sô ayeke ndurü wala alîngbi lïngbïngö na kâmba tî sêngê gbenyôgbïä laâ sô : *Wakuasû tî Etäa, sô ayeke sâra kua na gbe tî mbênî gbenyôgbïä; *Kötä-Wakuasû tî Gövöromä, sô ayeke sâra kua na yâ tî gövörömä na gbelê tî Kôzo Gbenyôgbïä; *Kötä-Wakuasû tî Dagbïä, sô ayeke sâra kua na yâ tî Dagbïä, na gbelê tî Gbïä tî Ködörö. Bûngbi tî âmarä tî gbenyôgbïä kûê na âkpëngbä wakuasû otä sô laâ aîri nî *gö-vörömä.

Gbïä tî Ködörö laâ ayeke fa âkötä lêgë tî kua tî ködörö, sô âzo tî ködörö nî kûê alîngbi tî mû na yâ tî kua tî âla ôko ôko, tîtene kê-kerêke ködörö nî ague na ndüzü ndâli nî. Atene : Gbïä tî Ködörö ayeke *mba ködörö nî. Sî kua tî gövörömä laâ tî müngö li tî kusâra sô kûê alîngbi tî pûsu ködörö nî na ndö tî lêgë sô Gbïä nî afa sô. Atene : gö-vörömä ayeke *yinda ködörö. *Mbängö-ködörö na *yïndängö-ködörö ayeke ûse kûê mbênî mbâgë tî *lëngö-gbïä. Atene âkömändëmä kûê ayeke *lêgbïä na ndö tî ködörö.

Nzönî e hînga atene : gbïä tî ködörö alîngbi tî mba ködörö gï na ngangü tî gövörömä tî lo. Lêgö-ôko ngâ, gövörömä alîngbi tî yinda kö-körö gï na ngangü tî ândia sô *Bâda tî Halëzo[6] ayeke votêe na lo. Sô afa atene, na ndânî kûê, *âWatokua tî Halëzo[6] laâ ayeke mû ngangü na gövörömä sî lo lîngbi tî sâra na kua tî lo tî yïndängö-ködörö. Ndâ nî laâ, töngana Kôzo Gbenyôgbïä *atângbi gövörömä tî lo awe, lo sû tënë tî kua sô kûê lo yê tî sâra ânde na yâ tî ködörö nî sô, — aîri nî a-tene : *sêndâkua tî lo — lo fa nî na gbelê tî Bâda tî Halëzo. *Âwa-bâda nî alîngbi tî ke sêndâkua sô, tî lônzi nî, wala tî yêda nanî tö-ngana sô lo fa nî sô. Gï töngana âla bîngbi lö na ndönî ngbiiii, ayêda awe, sî gövörömä alîngbi tî sâra kua alîngbi na nî.

ÂDAKPÄLË

Yê sô kûê alîngbi tî sâra na yâ tî ködörö töngana kusâra, tënë, parâba, wala gîgî tî âzo, ayeke kûê *kpälë tî ködörö. Da sô gövörömä

---

[6]Bâa na hüzü, lêmbëtï 61-63.

l'on appelle *les affaires du pays. La maison où le gouvernement traite de toutes ces affaires s'appelle le *ministère. Ce sont les ministres qui dirigent les divers ministères. On dit qu'ils sont *chargés de ministère. Celui qui a rang de ministre sans être chargé de ministère est un *ministre sans portefeuille. Si le président de la république considère qu'une affaire donnée a une grande importance pour le pays, il peut *créer un ministère propre qui se chargera de cette affaire. Par contre, s'il trouve que les activités de deux ou trois ministères peuvent être regroupées, et qu'il juge avantageux d'agir ainsi, il les regroupera, et baptisera le ministère ainsi créé d'un nom propre à désigner l'ensemble des activités regroupées. Tout cela démontre que les noms des ministères listés ci-dessous n'ont qu'une valeur indicative.

1. *Le Ministère de la Défense nationale, qui s'occupe des soldats et de toutes les guerres pour défendre le pays, en cas d'agression extérieure.

2. *Le Ministère des Transports, qui veille à la circulation des hommes et des biens par terre, par air, par mer et cours d'eau.

3. *Le Ministère des Affaires étrangères, qui traite de toutes questions touchant les rapports du pays avec l'étranger.

4. *Le Ministère de l'Education nationale, chargé de l'enseignement et de l'éducation des enfants et des adultes pour en faire de bons citoyens.

5. *Le Ministère de la Jeunesse et des Sports, qui s'occupe des jeunes filles, des jeunes gens, et de la *pratique des sports dans le pays. Le plus souvent, ce département est affilié au ministère de l'Education nationale sous l'autorité d'un secrétaire d'Etat. On l'appelle alors *Secrétariat d'Etat à la Jeunesse et aux Sports. Une jeune fille non mariée et qui n'a pas encore la maturité d'une femme adulte est désignée en sango par le terme masïka. Certains annonceurs à la radio utilisent parfois ce mot pour dire "jeune homme". Il s'agit là d'une erreur, car ce terme désigne exclusivement les jeunes filles. Quant aux jeunes gens célibataires, on les appelle modô, tandis que le terme approprié pour désigner à la fois les jeunes filles et les jeunes gens, c'est pandara.

6. *Le Ministère de la Culture et des Arts, que l'on regroupe souvent avec le ministère de l'Education nationale, ou avec celui de l'Information, et qui devient alors un *Secrétariat d'Etat à la Culture et aux Arts.

7. *Le Ministère de la Recherche scientifique et technique, s'occupe de gens qui cherchent à découvrir de nouvelles connaissances et de nouvelles technologies pour le pays. Certains pays ne créent pour cela qu'un *Office de la Recherche, ou bien regroupe ce département avec le ministère de l'Education nationale, comme *Secrétariat d'Etat à la Recherche scientifique et technique.

8. *Le Ministère de l'Economie, qui s'occupe du *commerce intérieur et extérieur, des *banques et de *l'industrie.

ayeke bâa lêgë tî yê sô kûê da laâ : *dakpälë. Âgbenyôgbïä laâ adutï
na li tî âdakpälë ndê ndê. Atene âla yeke *âwadakpälë. Zo sô ayeke na
kâmba tî gbenyôgbïä, sï adutï na li tî mbênî dakpälë pëpëe, aîri lo
atene : *gbenyôgbïä sân mbätä. Töngana gbïä tî ködörö abâa atene mbênî
kpälë ayeke kötä tënë mîngi na yâ tî ködörö nî, lo lîngbi tî *kîi mbênî
dakpälë ndê gï tî bâa lêgë nî. Na ganî, töngana lo bâa atene kua tî
âmbênî dakpälë ûse wala otä alîngbi tî bûngbi da ôko, sï lo bâa ayeke
nzönî tî sâra töngasô, fadë lo bûngbi nî da, sï lo gi mbênî ïrï, sô
alîngbi na gbâ tî âkpälë sô kûê, tî îri na dakpälë nî. Sô kûê sô tî
tene : ïrï tî âdakpälë sô mbï yeke fa ge sô ayeke gï tî fa yê da.

1. *Dakpälë tî Bata Ködörö, sô ayeke bâa lêgë tî âturûgu, na birä tî
bata ködörö, töngana mbênî ködörö-wandê agi ködörö nî na tënë.

2. *Dakpälë tî Yöngö-ndo, sô ayeke bâa lêgë tî tambûla tî âzo na tî
töngö kûngbâ na kutukutu, na lapärä, wala na masûa.

3. *Dakpälë tî âKödörö-wandê, sô ayeke bâa lêgë tî âkpälë sô kûê alî-
ngbi tî du da na pöpö tî ködörö nî na âködörö-wandê.

4. *Dakpälë tî Bätängö-zo na Fängö-yê, sô ayeke bâa lêgë tî likôlo tî
âmôlengê na tî âkötä zo kûê, na lêgë tî gängö waködörö tî mbîrîmbîrî.

5. *Dakpälë tî âPandara na tî Wërë, sô ayeke bâa lêgë tî âmasïka na
âmodô, na tî *lëngö-wërë na yâ tî ködörö nî. Tî mîngi nî, ayeke bûngbi
kpälë sô na yâ tî Dakpälë tî Bätängö-zo na Fängö-yê, sï azï âmbênî Wa-
kuasû tî Etäa na li nî. Töngasô, aîri nî atene : *Dakuasû tî Etäa ngba-
nga tî âPandara na Wërë. Môlengê-wâlï sô âde amû kôlï pëpëe, sï âde
agä ngâ kötä wâlï awe, pëpëe, ayeke îri lo atene :*masïka. Me, âmbênî
wagôsînga ayeke mû ïrï sô tî îri na âmôlengê-kôlï ngâ, kandâa sô lêgë-
nî ôko pëpëe. Masïka ayeke lâkûê gï môlengê tî wâlï. Tî âmôlengê tî
kôlï sô âde amû wâlï pëpëe, aîri âla atene *modô. Ngbanga tî sô âmasï-
ka na âmodô ayeke âmôlengê, sï âlâ de atï kangba pëpëe, lâa aîri âla
ûse kûê atene : *pandara.

6. *Dakpälë tî Hïngängö-ndo na Kua tî Pendere Yê. Ayele bûngbi nî ngâ
mîngi na dakpälë tî Bätängö-zo na Fängö-yê, wala na Dakpälë tî Sango,
sï agä *Dakuasû tî Etäa ngbanga tî Hïngängö-ndo na Kua tî Pendere Yê.

7. *Dakpälë tî Gïngö Sêndâyê na Kodëkua, sô ayeke bâa lêgë tî âzo sô
ayeke gi ndâ tî yê kûê, tî sîgî na finî hïngängö-yê wala finî kodë tî
särängö-yê na yâ tî ködörö nî, tî leke na ködörö. Âmbênî ködörö akîi
gï mbênî Biröo tî Gïngö Sêndâyê na Kodëkua ndâli tî kpälë sô, wala a-
bûngbi nî na Dakpälë tî Bätängö-zo na Fängö-yê, sï agä : *Dakuasû tî
Etäa ngbanga tî Gïngö Sêndâyê na Kodëkua.

8. *Dakpälë tî Lëngö-mosoro, (sô alîngbi tî îri nî ngâ atene :*Dakpä-
lë tî Könömï). Nî-mvenî ayeke bâa lêgë tî *dëngö-büzë wala na yâ tî
ködörö wala na gïgî na âködörö-wandê, tî *âlabânge, tî *âdakusâra sô
alîngbi tî gä na mosoro na yâ tî ködörö.

9. *Le Ministère des Finances et de la Planification*, qui s'occupe du trésor public, et de toutes les sortes de taxations et d'impôts. Il établit également le plan de gouvernement, c'est-à-dire les objectifs à atteindre en deux, cinq ou dix ans etc.

10. *Le Ministère de la Planification et de la Coopération internationale*. Certains pays pauvres créent ce ministère, le plus souvent, lorsqu'ils acceptent de remettre le sort de leur pays entre les mains d'un pays étranger qui leur dictera ce qu'il faut faire parce que c'est lui qui finance les opérations ou envoie techniciens et conseillers à cette fin. Mais les pays qui rejettent ce genre de situation confient la *coopération internationale au seul ministère des Affaires étrangères.

11. *Le ministère de l'Aménagement du Territoire (ou de l'équipement)*, de qui relèvent les travaux d'aménagement de l'environnement, la construction de l'habitat, l'urbanisation, la propreté publique, la construction des marchés, celle des ports pour les bateaux etc.

12. *Le Ministère des Postes et Télécommunications (ou de la Communication)*, qui s'occupe de l'activité des *journalistes, de la *presse orale comme de la *presse écrite, ainsi que des divers services des postes. De nombreux pays regroupent l'information, le tourisme, la culture et les arts dans un même ministère baptisé *Ministère de l'Information, de la Culture, des Arts et du Tourisme*. D'autres, par contre, ont créé spécialement un ministère de l'information, un ministère des postes et télécommunications, un ministère du tourisme etc.

13. *Le Ministère de la Santé et de la Solidarité nationale*, qui s'occupe d'une part de la bonne santé des gens, et d'autre part, de leur bien-être en les assistant dans diverses situations difficiles. Certains pays confient la solidarité nationale à un *Office national des Affaires sociales*.

14. *Le Ministère des Mines et de l'Energie*. Le sous-sol renferme d'abondantes richesses diverses tel que le fer, le diamant, le pétrole, l'or, le charbon etc. qui peuvent contribuer au développement d'un pays. *L'énergie* est cette puissance qui se trouve en toutes choses, dans le feu, l'eau, le corps humain, chaque objet sans exception, et que l'homme peut capter pour travailler avec. Il y a *l'énergie électrique, *l'énergie hydraulique, *l'énergie calorifique, *l'énergie des gaz, *l'énergie mécanique*. Aussi, ce ministère s'occupe-t-il de la valorisation de toutes ces énergies.

15. *Le Ministère du Travail et de la Fonction publique*, qui s'occupe d'une part de trouver du travail pour tous, et de toutes questions touchant à l'emploi, et d'autre part, des employés de la fonction publique depuis le manoeuvre jusqu'au chef de l'Etat.

16. *Le Ministère de la Justice*, qui régit les hommes de loi dans le pays et suit les affaires judiciaires.

17. *Le Ministère de l'Intérieur*, qui est chargé de préserver la paix dans le pays, d'organiser les élections et l'administration du pays, et de s'occuper des manifestations et des *guerres intestines*.

18. *Le Ministère de la Marine* qui s'occupe des activités nécessitant l'usage d'embarcations et de bateaux, tels que le commerce et le transport maritimes, la guerre navale, ou la recherche scientifique dans toutes les eaux.

19. *Le Ministère de l'Agriculture et de l'Elevage*. Ce ministère s'occupe de tous les travaux relatifs à l'agriculture et à l'élevage; et des activités annexes tel que les *usines de conditionnement du lait et des produits laitiers (*fromage, *beurre), des jus de fruits, de la viande et de l'alimentation générale.

9. *Dakpälë tî Nginza na Sêndâkua, sô ayeke bâa lêgë tî nginza tî Etäa, na tî marä tî lapôo na kiri kûê. Sî ayeke bâa ngâ lêgë tî sêndâkua tî gövörömä, sô tî tene : kua sô lo lîngbi tî sâra na yâ tî ngû ûse, okü wala balë-ôko töngasô.

10. *Dakpälë tî Sêndâkua na tî Tângbi Kua na âKödörö-wandê. Âmbênî ködörö tî pâsi ayeke na dakpälë sô, mîngi nî, töngana âla yêda tîtene ködörö-wandê sî ayâa âla na ndüzü, afa na âla yê tî särängö nî na ndo tî âla, ngbanga tî sô lo laâ ayeke mû nginza wala ayeke tokua âwakodë-kua na âwawängö tî lo tî sâra kua nî. Me, âködörö sô ayê sô pëpëe, azîa gî Dakpälë tî âKödörö-wandê ôko sî abâa lêgë tî *tängbïngö-kua sô.

11. *Dakpälë tî Lëkëngö Lêködörö, sô ayeke bâa lêgë tî lëkëngö lê tî ködörö, särängö da, kîngö *gbätä, bätängö ndo kûê polêlê, kîngö da tî galâ, kîngö *nyötüngu ngbanga tî âmasûa, t.a.n.

12. *Dakpälë tî Sînga na Tokua, sô ayeke kipî kusâra tî *âwasango, âla tî kuasînga na âla tî *mbëtîsango, ngâ na marä tî âkusâra tî *datokua kûê. Âmbênî ködörö mîngi ayeke bûngbi kua tî vüngö-sango, fono, hîngä-ngö ndo, kua tî pendere yê, na yâ tî dakpälë ôko, sô aîri nî : *Dakpälë tî Sango, tî Hïngängö-ndo, tî Kua tî Pendere Yê na tî Fono. Me, âmbênî akîi dakpälë tî sango ndê, lo tî sînga na datokua ndê, lo tî fono ndê, töngasô ague na nî...

13. *Dakpälë tî Nganga na tî Zängbïngö-terê, sô ayeke bâ lêgë tî nzönî hängö-terê tî âzo na mbâgë, sî ayeke kipî ngâ na nzönî dutï tî âla, na zängbïngö âla na yâ tî pâsi ndê ndê. Âmbênî ködörö azîa ûse kpälë sô azîa ndê töngana *Birôo tî Zängbïngö-terê.

14. *Dakpälë tî Mosoro tî Gbesêse na tî Ngunuyê. Gbe tî sêse ayeke na mosoro ndê ndê mîngi, töngana wên, diamäan, petöro, lôro, saravöo, t.a.n. sô ködörö alîngbi tî kono na nî. *Ngunu ayeke ngangü sô na yâ tî âyê kûê, ayeke na yâ tî wâ, na yâ tî ngû, na yâ tî terê tî zo, na yâ tî yê ôko ôko kûê, sî zo alîngbi tî kamâta nî tî sâra kua na nî. *Ngunu tî kuräan ayeke da, *ngunu tî ngû ayeke da, *ngunu tî wâ ayeke da, *ngunu tî lâ ayeke da, *ngunu tî mbö ayeke da, *ngunu tî masïni ayeke da. Kusâra tî ângunu sô kûê sô laâ dakpälë sô ayeke bâa ngâ lêgë nî sô.

15. *Dakpälë tî Kusâra na tî Kua tî Etäa, sô ayeke bâ lêgë tî tënë tî wärängö kua ngbanga tî âzo kûê, na tënë tî âzo tî kusâra kûê na mbâgë, sî ayeke kipî na âzo tî kua tî Etäa kûê, alöndö na âmalêvere asî na gbïä tî ködörö nî.

16. *Dakpälë tî Ngbanga, sô ayeke *kondêe kpälë tî âzo tî kua tî ngba-nga kûê na yâ tî ködörö nî, sî ayeke bâa ngâ pekô tî ngbanga sô âla yeke fâa na yâ tî ködörö nî.

17. *Dakpälë tî Yâködörö, sô ayeke kipî bätängö sîrîrî na yâ tî ködö-rö, ayeke leke ngâ kömändëmä tî yâködörö, na âvote, ayeke bâa pekô tî *tambûla tî lingangü wala *birä tî yâködörö, töngasô ague na nî...

18. *Dakpälë tî âMasûa, sô ayeke kipî na marä tî kua tî ângö na masûa kûê, töngana tî dë büzë na masûa, tî töngö kûngbâ wala tî yöngö zo na nî, tî tiri birä na lê tî ngû, wala tî gi sêndâyê na yâ tî ngû kûê.

19. *Dakpälë tî Yäkä na tî Bätängö-nyama, sô ayeke bâa ngâ lêgë tî âkua sô kûê akö ndâli tî yäkä wala bätängö-nyama, töngana : *izïni tî ngûme na tî âkôbe tî pendângûme sô töngana *matenge wala *kandangûme; izïni tî ngû tî lê tî këkë, tî nyama, wala tî kâsa kûê.

20. *Le Ministère des Eaux et Forêts*, qui s'occupe de planter les forêts et des travaux forestiers, de la cueillette et de la chasse, de la pêche et de la pisciculture, de l'aménagement des rives et des sources, de la construction des digues etc.

21. *Le ministère du tourisme*, qui cherche à aménager des endroits agréables à travers le pays pour que les gens viennent nombreux s'y promener et apporter ainsi de l'argent au pays. Le plus souvent ce sont les gens qui viennent de loin qui se promènent ainsi pour voir du pays. Ils viennent passer deux ou trois jours, ou bien une, deux, trois semaines ou autant de mois et s'en vont.

Dans la majorité des cas, les gens élèvent les animaux dans les champs, ou dans la brousse ou encore en forêt. Or la brousse et la forêt forment ensemble ce que l'on appelle *nyämä*, ce qui veut dire approximativement *campagne* ou *territoire inhabité*. C'est dans cette même campagne inhabitée qui coulent les rivières où l'on pêche, et c'est là aussi que l'homme chasse, cultive son champs et se promène. C'est pourquoi, si le président de la république considère qu'il y a avantage à le faire, il peut réunir toutes ces activités en rapport avec la campagne inhabitée dans un même ministère qui pourrait s'appeler : *Ministère du Développement rural*. Mais développer le rural n'est pas si différent de développer le pays. On peut toujours arguer que le développement rural est différent du développement urbain et préconiser la création de deux ministères différents pour s'occuper de chacune de ces deux formes de développement. C'est sûrement un point de vue défendable. Cependant on peut aussi raisonner comme suit : Etant donné que la plus grande partie du pays forme une campagne inhabitée au milieu de laquelle des villes ont poussé comme des îlots perdus dans l'océan, le ministère du développement rural s'occupe en fait du développement de tout le pays. C'est pourquoi il convient de le baptiser tout simplement *Ministère du Développement*, tout court. C'est un point de vue tout aussi défendable. N'empêche que beaucoup de pays ont un ministère du développement à côté des trois derniers ministères présentés plus haut aux paragraphes 19, 20 et 21.

Si un département ministériel est trop vaste, il peut être subdivisé en deux ou trois *secrétariats d'Etat* dirigés par des secrétaires d'Etat. Par contre, si sa taille le justifie, le ministère sera divisé en différentes *directions générales*, à la tête desquelles on mettra des *directeurs généraux*. Chaque direction générale comprend plusieurs *directions* placées sous l'autorité de *directeurs*. Chaque direction comprend divers *services* commandés par des *chefs de service*. C'est ainsi qu'est structuré un ministère. On appelle cela *l'organigramme* (ou la *structure*) *d'un ministère*.

20. *Dakpälë tî âGbakô, âNgonda, na âNgû, sô ayeke kondêe lüngö gbakô, na kua tî këkë na yâ tî gbakô, köngö kâsa na yâ tî ngonda, gïngö nyama na yâ tî ngonda, gïngö susu wala bätängö-nî, lëkëngö yângâ tî ngû, kïngö ligbî na *kpäkpä, t.a.n.

21. *Dakpälë tî Fono, sô ayeke gi lêgë tî leke nzönî pendere ndo na yâ tî ködörö, sï âzo agä mîngi afono da, töngasô sï ködörö awara nginza. Mîngi nî, ayeke âzo sô alöndö yongôro laâ sï ayeke gä tî bâa ködörö nî. Âla gä asâra längö ûse-otâ, wala dimâsi, wala nze ôko, ûse, otâ töngasô, akîri.

Tî mîngi nî, âzo ayeke bata nyama na yâ tî yäkä wala na ngonda, wala na gbakô. Me ngonda na gbakô sô laâ abûngbi kûê aîri nî bênyämä wala *nyämä sô. Gï bênyämä ôko sô laâ ngû ayeke sua da, sï âzo ayeke gi susu da, ayeke gi nyama da, ayeke fâa yäkä da, ayeke fono da. Nî laâ, töngana gbïä tî ködörö ayê tî bûngbi âkpälë sô kûê angoro na terê tî bênyämä na yâ tî dakpälë ôko, lo lîngbi tî sâra töngasô. Sï lo îri dakpälë nî *Dakpälë tî Lëkëngö-bênyämä. Me, lëkëngö-bênyämä ayeke ndê sï lëkëngö-ködörö ayeke taâ ndê pëpëe. Zo alîngbi tî tene : kua tî leke bênyämä ayeke ndê na terê tî kua tî leke gbätä, ndâ nî laâ, ayeke nzönî, akîi dakpälë ndê ndê ûse, tî bâa lêgë tî âkua ûse sô. Sô boro tënë. Me mbênî zo alîngbi ngâ tî tene : kötä mbâgë tî ködörö laâ bênyämä sï âgbätä akö na yânî töngana zöâ na bê tî ngû. Dakpälë sô ayeke kipî lëkëngö-bênyämä ayeke kipî taâ kua tî lëkëngö-ködörö. Nî laâ, ayeke nzönî aîri nî gï *Dakpälë tî Lëkëngö-ködörö, awe. Sô ngâ ayeke boro tënë. Kamême âködörö mîngi akîi mbênî dakpälë tî lëkëngö-ködörö ndê na terê tî âdakpälë sô mbï tene tënë nî na *âsurä 19, 20 na 21 sô.

Töngana kusâra tî mbênî dakpälë awü mîngi, alîngbi tî kângbi yâ nî na *dakuasû tî Etäa ûse wala otâ, sô âwakuasû tî Etäa laâ adu na linî. Me töngana dakpälë nî akono ahö ndönî pëpëe, sï alîngbi na nî, fadë âla kângbi yâ nî gï na *kötä-yindä ndê ndê, sô wadütïngö na linî laâ : *kötä-wayindä. Kötä-yindä ôko ôko abûngbi *âyindä ndê ndê sô wamüngö linî ayeke *wayindä. Yindä ôko ôko abûngbi *âsarawîsi ndê ndê sô wadüngö na linî ayeke *sêfu tî sarawîsi. Sô ayeke lêgë sô yâ tî dakpälë ôko ôko agbë na nî. Aîri nî atene : *sêyâgbë tî dakpälë.

Lorsque l'on divise une maison en deux ou trois pièces, on appelle en sango *kubû la chambre privée que le maître de la maison se réserve pour son usage propre. Dans un ministère ou un secrétariat d'Etat, on appellera *kubû, le *cabinet de travail, c'est-à-dire la pièce où travaille le ministre ou le secrétaire d'Etat, et où il réunit ses collaborateurs immédiats. On dira : *le cabinet du ministre ou *le cabinet du secrétaire d'Etat. Ces expressions désignent aussi l'ensemble de ces mêmes collaborateurs. L'un d'eux est nommé à la tête du cabinet et porte le titre de *chef de cabinet du ministre ou du secrétaire d'Etat.

L'organigramme d'un ministère

Le ministre	dirige un	ministère
Le chef de cabinet	"	cabinet
(Le secrétaire d'Etat)	"	(secrétaire d'Etat)
Le chef de cabinet	"	cabinet
(Le directeur général)	"	(une direction générale)
Le directeur	"	une direction
Le chef de service	"	un service

Les subdivisions entre parenthèses ne se retrouvent pas dans tous les ministères.

LES DÉPUTÉS

Après les présidentielles, les deuxièmes grandes élections auxquelles le peuple est convié sont les législatives où sont élus les *députés. Ceux-ci se réuniront pour examiner tous les grands problèmes relatifs aux activités du pays. Ce sont eux qui discutent des lois, s'assurant de leur justesse et de leurs bienfaits avant de les approuver afin qu'elles entrent en vigueur pour tout le pays. Si par exemple, le chef de l'Etat décide un jour que les écoliers doivent porter un *uniforme scolaire, et s'il n'y a pas de députés dans le pays, cette décision présidentielle aura immédiatement force de loi sans que personne ne puisse s'y opposer. Il n'y aura personne pour dire : ceci est une mauvaise loi parce que les parents n'ont pas d'argent pour acheter des uniformes à leurs enfants. Or, s'il y avait des députés, ils se seraient réunis pour discuter de cette affaire, de ses avantages et inconvénients pour le citoyen, et en auraient décidé dans le sens le plus favorable aux citoyens afin de préserver la paix sociale. Ainsi,

Töngana zo afâa yâ tî da ûse wala otâ, mbâgë tî yâ nî sô wa tî da nî abata ngbanga tî lo wanî laâ aîri nî atene *kubû. Na yâ tî dakpälë, wala na yâ tî dakuasû, ndo sô gbenyôgbîä nî, wala wakuasû tî Etäa nî, ayeke sâra kua da, sî ayeke bûngbi ngâ âkötä zo tî kua tî lo da, laâ kubû tî lo. Aîri nî : *kubû tî gbenyôgbîä, wala kubû tî wakuasû tî Etäa. Ayeke ngâ ïrî tî bûngbi tî âkötä zo tî kua nî, sô mbênî ôko na pöpö tî âla amû li nî, sî aîri lo : *sêfu tî kubû tî gbenyôgbîä, wala tî wakuasû tî Etäa nî.

Sêyâgbê tî Dakpälë

Gbenyôgbîä	amû li tî	Dakpälë
Sêfu tî Kubû	amû li tî	Kubû
(Wakuasû tî Etäa)	"	(Dakuasû tî Etäa)
Sêfu tî Kubû	"	Kubû
(Kötä-Wayindä)	"	(Kötä-Yindä)
Wayindä	"	Yindä
Sêfu tî Sarawîsi	"	Sarawîsi

Âmbätä sô na yâ tî ngîlê sô ( ), dakpälë kûê laâ ayeke na nî pëpëe.

WATOKUA TÎ HALËZO

Ûse kötä vôte sô halëzo ayeke gue da na pekô tî vötëngö gbîä tî ködörö laâ lo tî *âwatokua tî halëzo, sô fadë abûngbi tî bâa lêgë tî âkötä kpälë sô kûê abâa kua tî yâ tî ködörö. Âla laâ ayeke bâa ndâ tî ândia kûê kôzonî, sî töngana ndia nî ayeke dutï ânde nzönî bîanî, âla yêda, sî agä ndia tî ködörö ndâli tî âzo kûê. Töngasô, töngana mbênî lâ, gbîä tî ködörö atene nî yê âmôlengê tî likôlo kûê ayü *maräbongö; töngana âwatokua tî halëzo ayeke da pëpëe, fadë tënë tî bê tî gbîä sô agä ndia bîakü, sî zo tî këngö nî ayeke da pëpëe. Zo tî löndö tî tene : sô sïönî ndia laâ ngbanga tî sô âbabâ tî môlengê ayeke na nginza tî vo na maräbongö nî pëpëe, ayeke pëpëe. Kandâa, âdu âwatokua tî halëzo adu fadë da, kâ âla bûngbi, abâa ndâ tî tënë sô na pöpö tî âla ngbiii, abâa nzönî wala sïönî sô âwaködörö alîngbi tî wara da, afâa ngbanga na ndö tî tënë sô na mbâgë sô alîngbi tî bata nzönî tî âwaködörö, sî ködörö

le chef de l'Etat ne commettra pas d'erreurs, ni ne glissera aisément dans la dictature, car il sait que les députés *observent tout son travail et peuvent, le cas échéant, lui opposer un veto catégorique, s'il était tenté par des malversations.

Le plus souvent ce sont les partis qui choisissent parmi leurs membres les candidats à la députation. On dit alors qu'ils sont les *candidats des partis. Mais quiconque le souhaite peut aussi se porter candidat en son nom propre. On dira qu'il est un *candidat indépendant. Qu'ils soient indépendants ou qu'ils se présentent au nom d'un parti, tous les candidats peuvent constituer des *listes différentes qui sont, soit des *listes de partis, soit des *listes indépendantes. Les citoyens voteront pour chaque liste *toute entière avec tous ceux qui y figurent. Ils ne peuvent pas panacher les listes. On appelle cette façon de faire le *scrutin de liste. Mais on peut aussi faire autrement. Au lieu que les gens soient obligés de choisir entre des listes, chaque candidat pourrait se présenter tout seul contre un adversaire disputant le même siège. On appelle cette façon de faire le *scrutin uninominal. Dans un scrutin de liste, en cas de contestation, s'il s'avère après qu'il y a eu fraude, et que par conséquent, il faille refaire les élections, ce sera tous les députés de la liste élue qui devront se présenter à nouveau devant les électeurs. Leur chance est à nouveau remise en jeu. S'ils étaient sept et que leur liste perd ces deuxièmes élections, ils auront tous perdu leur siège. Il en va tout autrement dans un scrutin uninominal. Ici, les candidats concourent pour le siège d'une même circonscription administrative. Chacun d'eux se présente en son nom propre et on votera pour lui à cause de ses atouts personnels, qu'il soit candidat indépendant ou qu'il appartienne à un parti. Si l'on constate des irrégularités au premier tour seuls les candidats s'étant présentés pour ce siège-là devront revenir devant les électeurs pour un autre scrutin, tandis que ceux qui ont été élus à un autre siège n'ont pas à recommencer les élections.

Si les gens approuvent les idées d'un parti donné, ils voteront les candidats de ce parti en grand nombre comme députés. De cette façon, lors de leurs assises, les députés de ce parti seront assez nombreux pour faire prévaloir leur point de vue, et ainsi, les lois du pays seront votées en conformité avec les idées de ce parti, lesquelles étaient déjà approuvées par les gens.

angbâ na sîrîrî. Töngasô, gbïä tî ködörö alîngbi tî yû-ndo pëpëe. Lo lîngbi ngâ tî tï gbïä tî sïöbê töngana yê tî ngîâ pëpëe, sô lo hînga atene âwatokua tî halëzo ayeke *wese kua tî lo kûê, sï alîngbi ngâ tî ke na lo na kürü gô, sô töngana lo yê tî sâra yê tî sïönî.

Tî mîngi nî, ayeke âkamâ-porosö laâ ayeke soro âzo tî âla tî lï mandako tî gä âwatokua tî halëzo. Atene : âla yeke *awamandako tî kamâ-porosö. Me zo sô ayê, alîngbi tî lï mandako nî gï na ïrï tî lo wanî. Atene : lo yeke *köbö wamandako. Atâa âla yeke köbö nî wala tî kamâ, âwamandako nî kûê alîngbi tî bûngbi-terê na yâ tî molongö ndê ndê, sô ayeke *molongö tî kamâ wala *köbö molongö. Âwaködörö avotëe molongö ôko ôko mobimba na âzo tî yâ nî kûê zu. Âla lîngbi tî lôo yâ tî âmolongö nî löngö pëpëe. Aîri marä tî vôte sô atene : *vôte tî molongö. Me, alîngbi ngâ tî votêe âzo nî na lêgë ndê. Na sêtîtene âmolongö laâ âzo ayeke votêe na pöpönî, wamandako ôko ôko laâ ayeke gä na gbelê tî âzo, li tî lo ôko, sï âla yeke votêe na pöpö tî lo na mbênî mbâtî lo, sô ayeke gbugburu ngâ vôte nî na lo. Aîri marä tî vôte sô atene : *vôte tî li na li. Na yâ tî vôte tî molongö, töngana papa atï sï âwafängö ngbanga tî vôte abâa atene : bîanî, nzï ayeke fadë da na yâ tî vôte nî, sï atene âzo akîri ague avotêe, fadë âwamandako sô kûê na yâ tî molongö nî akîri alï mandako na molongö tî âla kûê ôko. Kandâa päsä tî âla laâ akîri ague na lê tî zegë. Töngana li tî âla ayeke mbâsâmbâlâ, sï, na yâ tî ûse vôte nî, molongö nî atï, kandâa mbätä tî âla mbâsâmbâlâ kûê laâ atï awe sô. Yê nî ayeke ndê na yâ tî vôte tî li ni li. Na ndo sô, âwamandako nî akpë ndâli tî mbênî mbätä tî mbênî gbeködörö ôko. Zo ôko ôko agä na boro li tî lo, âla votêe lo ngâ na ndö tî li tî lo, atâa lo yeke köbö wamandako, atâa lo yeke wamandako tî mbênî kamâ-porosö. Töngana, atene nzï ayeke na yâ tî kôzo vôte nî, fadë gï âzo sô alï mandako ndâli tî mbätä sô ôko sô laâ ayeke kîri tî lï ûse vôte, me âla sô avotêe âla na mbênî ndo ndê sô, ayeke kîri tî âla na pekô pëpëe.

Töngana âwaködörö ayê tënë tî mbênî kamâ-porosö ôko, fadë âla votêe awamandako tî lo na gbânî, tî gä âwatokua tî halëzo. Töngasô si, na yâ tî bûngbi tî âla tî kua, âzo tî kamâ sô awü, sï gbegô tî âla ahö tî âmbâ tî âla, sï âla votêe ândia tî ködörö alîngbi na sêndâkua tî kamâ-porosö sô, sô âzo nî ayêda awe sô.

L'ASSEMBLÉE NATIONALE

Il est notoirement connu que le terme *bâda désignait autrefois un lieu sacré où les initiés *somâle* ne se réunissaient pas uniquement pour accomplir leur devoir envers Ngakölä, mais aussi pour traiter des affaires du village. Ce n'était pas tous les habitants du village qui étaient initiés. Cependant tous les grands initiés qui se réunissaient au sanctuaire traitaient des affaires du pays dans l'intérêt de tous. D'un autre côté, tout ce qui était dit dans les sanctuaires n'était pas révélé sans contrôle dans les villages, de sorte que les ennemis du pays ne pouvaient pas ainsi connaître les secrets du pays.

Les députés se réunissent au nom du peuple tout entier dans une grande maison que l'on appelle *l'Assemblée nationale* (litt. en sango : *sanctuaire du peuple*). Ce nom désigne également l'ensemble des députés réunis. Au sein de l'Assemblée nationale, on appelle les députés des *parlementaires. Ceux qui appartiennent à un même parti se regroupent du même côté. Ainsi, il y a ceux qui se tiennent du côté droit et que l'on appelle les *hommes de droite*, ceux du côté gauche que l'on appelle les *hommes de gauche*, et enfin ceux qui se tiennent au milieu et que l'on appelle des *centristes*.

Devant les sièges de tous les députés il y a disposés environ quatre à cinq bureaux :
- *le bureau du président de l'assemblée*,
- *le bureau du représentant du gouvernement*,
- *le pupitre de l'orateur*,
- *le bureau des votes* non loin d'un isoloir,
- *le bureau du secrétariat de l'assemblée*,
- *le bureau de la presse*.

Chaque fois que les parlementaires se réunissent pour examiner un dossier, on dit qu'ils *tiennent une session*. S'ils se réunissent tous ensemble, sans exception aucune, dans une vaste salle, on dit qu'ils tiennent une *assemblée plénière* dans la *grande salle*. Mais quand ils se partagent en groupes restreints qui se réunissent séparément dans les petites salles de l'Assemblée, on dit qu'ils tiennent une *session de commission* dans une *petite salle de réunion* dite *salle des commissions*. Il apparaît ainsi que dans les bâtiments de l'Assemblée nationale, il y a de nombreuses salles de réunion. Les députés appartenant à un même parti peuvent disposer d'une salle de réunion propre, en tant que groupe parlementaire. Par ailleurs, les députés peuvent aussi se subdiviser en *commissions* afin de s'occuper efficacement et convenablement de divers aspects du travail de l'Assemblée nationale. Des commissions peuvent être formées pour toutes les questions jugées

BÂDA TÎ HALËZO

Âzo mîngi ahînga atene : *bâda ayeke ândö mbênî kpëngbä ndo sô âsomâle ayeke bûngbi da, gï tî sâra kua tî Ngakölä pëpëe, me tî bâangâ lêgë tî âkötä kpälë tî ködörö nî kûê. Zo kûê na yâ tî ködörö nî laâ ayeke somâle pëpëe. Me âkötä somâle sô kûê abûngbi na yâ tî bâda tî Ngakölä, ayeke kipî âkötä kpälë tî ködörö ngbanga tî âzo kûê. Na mbâgë âkötä tënë tî yâ tî bâda ayeke sîgî kîrîkiri na ködörö pëpëe, töngasô sï âwato tî ködörö nî alîngbi tî hînga ndâ tî ködörö nî hîo pëpëe.

Âwatokua tî halëzo abûngbi na ïrï tî halëzo kûê na yâ tî mbênî kötä da, sô e lîngbi tî îri nî : *bâda tî halëzo. Ayeke ngâ ïrï tî bûngbi tî âwatokua tî halëzo nî kûê mobimba. Lâkûê sô âla lï na yâ tî bâda nî tî bûngbi ndâli tî kua tî ködörö, âwatokua tî halëzo nî ayeke *âwabâda. Na yâ tî da tî bûngbi nî kâ, âwabâda sô na yâ tî kamâ-porosö ôko adutï na mbâgë ôko. Töngasô, âla tî dütïngö na mbâgë tî kôlï ayeke da. Sô *âwakötï. Âla tî mbâgë tî gale ayeke *âwagale. Sï âla tî dutï na pöpönî, töngana na bê tî ngö, ayeke da. Sô *âwabêngö.

Na gbelê tî mêzä tî âwabâda nî kûê, âmbênî mêzä ayeke da usïö wala okü töngasô :

- *mêzä tî mokönzi tî bâda,
- *mêzä tî watokua tî gövöRömä,
- *mêzä tî watënë,
- *mêzä tî vôte na köbö ndo ndurü da,
- *mêzä tî kuasû tî bâda,
- *mêzä tî âwasango.

Lâkûê sô âwabâda abûngbi tî bâa lêgë tî mbênî tënë, atene âla yeke *gbë lïngö. Töngana âla kûê kûê kûê laâ abûngbi ôko na yâ tî da ôko, atene sô *kötä lïngö laâ. Âla gbë kötä lïngö na yâ tî *kötä dalïngö. Ka töngana âla kângbi yâ tî âla, sï abûngbi na kêtê gbânî ndê ndê ndê na yâ tî âkêtê yâda tî Bâda nî, fadë atene : sô *kêtê lïngö laâ âla gbë na yâ tî *kêtê dalïngö. Sô afa atene âdalïngö ayeke mîngi ndê ndê na yâ tî da tî Bâda ôko. Âwabâda sô na yâ tî kamâ-porosö ôko ôko alîngbi tî du na kêtê dalïngö tî âla da ndê ndâli tî sô kamâ tî âla ayeke na yâ tî Bâda nî sô. Ngâ na mbâgë, âwabâda nî alîngbi tî kângbi na kêtê gbâ, sô aîri nî *ngbökua, tîtene âla kondêe âmbênî mbâgë tî kua tî Bâda nî, asâra nî kûê nzönî na lêgënî. Ângbökua alîngbi tî du da na ndö tî kpälë sô kûê sô Bâda abâa atene : sô kötä kpälë tî ködörö laâ. Töngasô sï

importantes par l'Assemblée. C'est ainsi qu'il y a des commissions aussi bien pour les affaires ayant nécessité la création d'un ministère par le gouvernement, que pour les autres. Par exemple :

- *la commission des finances,
- *la commission pour l'éducation nationale,
- *la commission pour l'énergie et les mines,
- *la commission pour promouvoir la condition féminine,
- *la commission pour la jeunesse,
- *la commission pour l'emploi, etc.

Chaque commission se réunit sous l'autorité d'un *chef de commission et toujours dans une salle des commissions.

LA TENUE D'UNE RÉUNION

Lorsque les parlementaires viennent tenir une réunion, c'est le *président de l'Assemblée ou plus exactement un de ses secrétaires, qui enregistre les intervenants sur le sujet du jour. C'est lui, le président, qui donne la parole à chacun. Si quelques parlementaires chahutent ou se montrent indisciplinés, il lui appartient de ramener le calme dans la salle en secouant la sonnette pour imposer le *silence. Celui à qui le président de l'Assemblée a donné la parole se lève et se rend au pupitre de l'orateur afin de délivrer son discours à ses collègues. Mais pendant qu'il parle, s'il y a une information à porter d'urgence à la connaissance de l'Assemblée ou de l'orateur lui-même avant qu'il ne continue plus avant dans ses propos, celui qui veut apporter cette information peut demander à l'interrompre. Il suffit pour cela qu'il mette par écrit son intervention et la transmette au président de l'Assemblée. On appelle cette sorte d'intervention une *motion[7]. On distingue quatre sorte de motions :

- *une motion d'information, c'est celle demandée pour apporter une information susceptible d'influencer le débat;

- *une motion de procédure, par quoi on déclare que la procédure dans laquelle le débat est engagé n'est pas la bonne, et l'on indique celle qu'il faut suivre;

- *une motion de censure, par laquelle on fait remarquer que l'orateur entraîne le débat vers un autre sujet que celui de l'ordre du jour. On demande, en conséquence, que le débat soit recentré sur le motif principal de la réunion. C'est cela que l'on appelle une *censure.

- une motion appelée *question de confiance, par laquelle le gouvernement ou une importante personnalité avertit les parlementaires qu'il démissionnerait de ses fonc-

---

[7]En sango : piapa, de : pia "qui arrive en premier" et pa "parole"; lö "ensemble de paroles". Ces mots appartiennent au vieux fond sango que beaucoup de gens semblent ignorer aujourd'hui.

ngbökua ayeke da tî bâa lêgë tî âkpälë sô kûê gövörömä akîi dakpälë
ndâlinî, ngâ na âmbênî sô lo kîi dakpälë ngbanganî pëpëe. Töngana tî
sô :

- *ngbökua tî nginza,
- *ngbökua tî bätängö-zo na fängö-yê,
- *ngbökua tî ngunuyê na âmosoro tî gbesêse,
- *ngbökua tî dutï tî âwâlï
- *ngbökua tî dutï tî âpandara,
- *ngbökua tî könömï,
- *ngbökua tî âwakusâra, t.a.n.

Ngbökua ôko ôko abûngbi na gbe tî mbênî *mokönzi tî ngbökua, sô aîri
lo ngâ atene *mokönzi-ngbökua. Âla lîngbi tî bûngbi gï na yâ tî mbênî
kêtê dalïngö.

GBËNGÖ LÏNGÖ

Töngana âwabâda agä tî gbëngö lïngö, mokönzi tî Bâda nî, wala, tî
mîngi nî, mbênî wakuasû tî lo, ayeke sûïrï tî âzo sô kûê ayeke na mbênî
tënë tî tene na ndö tî kötä kpälë sô âla bûngbi tî bâa lêgë nî sô. Lo
mokönzi nî laâ ayeke mû tënë na âzo nî ôko ôko. Töngana âmbênî âwabâda
nî ayeke tene tënë na ndüzü wala ayeke sâra würükîrîkiri, lo laâ ayeke
kîri na sïrîrî na yâ tî da nî, na yëngïngö mbênî kêtê ngonga tî tene
na âzo nî : *makûu. Zo sô mokönzi tî Bâda nî amû na lo tënë awe, alö-
ndö ague na mêzä tî watënë sï adîko tënë tî lo nî na âmbâ tî lo. Me,
sô lo yeke tene tënë nî sô, töngana mbênî tënë ayeke da sô akpa tîte-
ne, wala lo watënë nî, wala Bâda nî kûê, ahînga hîo, kôzonî sï lo gue
na tënë tî lo nî yongôro, fadë zo sô ayê tî sîgî na tënë nî sô, alîngbi
tî mû tënë na yângâ tî watënë nî sêngê. Tî sâra töngasô, alîngbi lo sû
tënë nî na mbëtï, amû na mokönzi tî Bâda nî. Marä tî tënë, sô zo ayeke
hûnda na lörö kpëkpesë töngasô, aîri nî atene *piapa[7]. Marä tî piapa
ayeke usïö :

- *piapa tî sango ayeke piapa sô zo ahûnda tî mû na âmbâ tî lo mbênî sango sô alî-
ngbi tî ne na ndö tî kpälë tî bûngbi nî;

- *piapa tî kodë sô zo ayeke hûnda tî tene : kodë sô âla yeke mû tî sâra na kua nî
sô ayeke mbîrîmbîri pëpëe, sï lo fa mbênî kodë ndë sô âla lîngbi tî mû.

- *piapa tî lönzi-lö sô zo ahûnda tî tene : watënëngö-tënë nî ayeke gue na tënë nî
na yâ tî mbênî kpälë ndë. Ayeke nzönî, âzo kûê ayêda tî kîri na ndö tî taâ kpälë sô
âla bûngbi ndâlinî sô. Sô laâ aîri nî *lönzi-lö.

- *piapa tî mäbê sô gövörömä wala mbênî kötä zo alîngbi tî hûnda atene : tënë sô nï
yeke tene na âwabâda nî sô, töngana âla yê pekô nî pëpëe, kandâa âla yê nï ngbâ na

---

[7]*pia : sô asï kôzonî sï tanga tî tënë asï; pa : tënë; lö :gbâ tî tënë, tënë. Âïrï
sô kûê ayeke na yâ tî yângâ tî sängö giriri, me hïngängö nî laâ akara âzo mîngi.

tions si ses propositions présentes ne rencontraient pas leur adhésion, estimant qu'il ne pourrait se résoudre à exécuter un autre travail tout en conservant les mêmes fonctions, puisque les parlementaires auront clairement montré qu'ils ne lui font pas confiance. Il faut donc que tous les parlementaires soient dûment avertis avant de se prononcer sur le point de l'ordre du jour frappé par cette motion. S'ils *refusent leur confiance au gouvernement, celui-ci tombera et le président de la république demandera au premier ministre ou à quelqu'un d'autre de former un gouvernement auquel le parlement puisse accorder sa confiance, car un gouvernement responsable ne peut travailler qu'avec les lois votées par l'Assemblée nationale. On sait que l'examen des *projets de lois avant qu'ils n'entrent en vigueur en tant que lois véritables est une des prérogatives essentielles de l'Assemblée. Dans ce travail, si les parlementaires ne sont pas satisfaits d'une partie quelconque des textes, voire d'un alinéa, ils peuvent exiger qu'on l'enlève ou qu'on le rédige autrement. C'est cela que l'on appelle un *amendement. On dit que les parlementaires *amendent le projet de loi.

Tous ces travaux d'échange et de discussion des sujets pour lesquels les parlementaires se sont réunis constituent ce que l'on appelle un *débat. On dit aussi que les parlementaires *débattent d'une affaire. Toutes les questions à examiner au cours d'une même réunion sont inscrites dans une liste appelée *ordre du jour de la réunion, ou tout simplement l'ordre du jour. Après chaque débat, les parlementaires peuvent *tomber d'accord ou *se départager sur ce qu'il convient de faire. S'ils sont d'accord, ils peuvent rédiger l'objet de leur accord sous forme de *recommandation, de *résolution, ou de *loi, à l'attention du gouvernement. S'ils sont divisés deux situations peuvent se présenter : a) la majorité l'emporte et l'Assemblée agira selon son point de vue; b) l'Assemblée est divisée en deux parties égales : dans ce cas, la question est renvoyée à une session ultérieure. De nombreuses constitutions stipulent que les parlementaires ne peuvent pas rester en session plus de quinze jours de suite. Dans une année, il y a un temps pour les sessions et un temps pour d'autres travaux ou encore pour les vacances. On appelle *année parlementaire la période au cours de laquelle des sessions peuvent se tenir, car elle dure onze mois. Tandis que la période des vacances ne couvre qu'un mois appelé *vacances parlementaires[8].

COMMENT APPELER LES DIGNITAIRES
PAR LEUR TITRE

Avant toutes choses, il faut que nous nous mettions bien d'accord sur la manière d'honorer tout individu en l'appelant. Pour appeler un homme dénommé KÖSÏ, nous disons *monsieur, soit en sango l'une des trois

---

[8]Vacances, accalmie, repos : lipe; nzelipe désigne plus précisément un mois de vacances.

mbätä tî kua tî nî pëpëe, sî fadë nî ngâ kûê nî löndö na kua nî, ngbanga tî sô, tö-
ngana nî lîngbi tî sâra kua alîngbi na tënë sô nî fa sô pëpëe, nî yêngâ tî sâra mbêni
yê ndê na ngbängö na mbätä tî nî sô pëpëe, sô âwabâda afa polêlê atene ânî mä bê
na nî äpëe sô. Nzönî âwabâda ahînga nî kûê kôzonî sî âla votêe na ndö tî tënë sô pi-
apa sô atî na ndönî sô. Töngana âla *gbânzi mäbê tî âla na gövörömä, fadë lo tî, sî
gbïä tî ködörö nî aîri kôzo gbenyôgbïä ôko sô, wala mbêni ndê, tîtene lo tângbi mbê-
nî finî gövörömä sô âwabâda alîngbi tî mä bê da, ngbanga tî sô, mbîrîmbîrî gövörömä
alîngbi tî sâra kua gï na ngangü tî ndia sô kûê Bâda tî Halëzo avotêe. E hînga ate-
ne : mbêni kötä kua tî âwabâda laâ tî bängö ndä tî mbëtî tî ndia, sô aîri nî atene
*pialö tî ndia , kôzonî sî agä ndia nî bianî. Na yâ tî kua sô, töngana mbêni yê, wala
mbêni kâmba tî tënë ôko, asavâa na lê tî âla pëpëe, âla lîngbi tî hûnda na ngangü
tîtene azî nî, wala akîri asâra nî ndê sî âla yêda. Sô laâ aîri nî atene : *lönzi-
ngö-yê. Atene : âwabâda nî *alönzi pialö tî ndia nî.

Kua sô kûê âwabâda nî ayeke sâra na tënëngö tënë na ndö tî kpälë
sô âla bûngbi tî bâa lêgëni sô laâ aîri nî : *bîngbi-lö. Atene : âwa-
bâda ayeke *bîngbi lö na ndö tî mbêni kpälë. Ka gbâ tî âkpälë sô kûê
âla yê tî bâa ndä nî na yâ tî bûngbi ôko laâ aîri nî : *kurukpälë tî
bûngbi wala gï kurukpälë. Na pekô tî bîngbi-lö kûê, âwabâda alîngbi tî
*mângbi wala tî *kângbi na ndö tî yê tî särängö-nî. Âdu âla mângbi, âla
lîngbi tî sû yê sô âla mângbi da sô töngana *wängö, wala töngana *ku-
nî-bê, wala töngana *ndia, sî ato nî na gövörömä. Âdu âla kângbi, fadë
yê ûse alîngbi tî pasêe : a) mîngi tî âwabâda nî asö-banda, sî Bâda nî
asâra yê nî töngana sô âla yê, b) Bâda nî akângbi kpâkpu, sî âmbâgë nî
kûê awü alîngbi pëpëe, fadë kpälë nî akü mbêni lîngö ndê, sî fadë âla
kîri abâa lêgë nî gbândä. Gbegündia mîngi ahûnda atene : âwabâda alî-
ngbi tî ngbâ na gbëngö lîngö ngbiii, dimâsi ûse ahö âla da, pëpëe. Na
yâ tî ngû ôko, ngoi tî gbëngö lîngö ayeke da, sî ngoi tî särängö mbêni
kua ndê wala tî wöngö-terê ayeke da. Aîri ngoi sô gbëngö lîngö alîngbi
tî du da sô atene : *ngûbâda, sô tî tene : ngû tî bâda ôko, ngbanga tî
sô anînga nze balë-ôko na ôko. Ka ngoi tî wöngö-terê nî ayeke gï nze
ôko, sô aîri nî : nzelipë[8] tî bâda.

LÊGË TÎ ÏRÏNGÖ ÂKÖTÄ-ZO NA KÂMBA
TÎ KUA TÎ ÂLA

Kôzonî kûê, nzönî, e mângbi mbîrîmbîrî na ndö tî lêgë tî sëpëlä-
ngö zo kûê na ïrïngö lo. Tî îri mbêni kôlï sô ïrï tî lo KÖSÏ, e lîngbi

---

[8] *Lipë : käïngö kua tî wo-terê.

variantes suivantes : *kepaka, pakara, kepakara*. Autrefois on ne connaissait que cette dernière forme. Mais au fil des ans, comme les gens venaient à se disperser, certains se mirent à ne dire que *pakara*, tandis que d'autres ne retinrent que la première partie du mot, soit *kepaka*. C'est ainsi que les trois formes se retrouvent aujourd'hui dans le sango. Ceux qui ne le savent pas se demandent laquelle des trois est du sango véritable, et de se quereller à ce sujet. En réalité elles appartiennent toutes à la langue. Dans ce livre, j'utiliserai *pakara* ainsi que le font de nombreuses personnes à présent. Disons donc *pakara* ou *monsieur*. Par exemple : *Monsieur KÖSÏ*.

Pour appeler une femme dénommée NANGÂNA Thérèse et dont le mari s'appelle KÖSÏ Paul nous pouvons dire :
Madame KÖSÏ Thérèse. Ce qui en sango se dit littéralement : *NANGÂNA Thérèse, épouse de Monsieur KÖSÏ Paul*, ou plus brièvement : *NANGÂNA, épouse (de) KÖSÏ*. C'est-à-dire : *NANGÂNA, femme de KÖSÏ*. Voici d'autres expressions brèves pour appeler une femme, en sango, avec le nom de son mari : *Yapakara KÖSÏ*, et *Ya KÖSÏ*, traduisibles tous les deux par **Madame KÖSÏ*. Dans la tradition authentiquement centrafricaine, la femme ne prend jamais le nom de son mari. Si l'on ne veut pas l'appeler par son nom, on l'appellera en tant que épouse ou mère de quelqu'un. Par exemple : *femme de Kösï*, ou *mère de Yalito, mère de bébé*, etc. De même, quand nous disons en sango *Ya Kösï* ou *Yapakara Kösï* pour *Madame Kösï*, cela ne signifie pas du tout que la dame en question a pris le nom de son mari et s'appelle Kösï. Ce qui est précisément le cas dans les coutumes européennes et notamment françaises. Là-bas, une femme mariée prend aussi le nom de son mari, en sorte que, lorsqu'on l'appelle *Madame POTIRON*, on implique par là que son nom à elle est désormais POTIRON, le même que celui du mari. En sango, si l'on ne connaît pas le nom du mari d'une femme, on peut quand même l'honorer en l'appelant : *Yazo "Madame"* (littéralement : épouse de quelqu'un). Par exemple : *Madame NANGÂNA Thérèse*, ou bien *Madame NANGÂNA*. En français, on dira même *mademoiselle*, bien que cela convienne mieux aux *jeunes filles*. Aussi, nombreuses sont les Européennes qui réclament le droit au titre de *madame*, même si elles ne sont pas mariées. Tout cela montre bien que nous, Centrafricains, avons nos manières, et les Français, les leurs. Et c'est très bien ainsi. A chacun ses coutumes.

Dans les exemples ci-après, je ne parlerai que des hommes, mais je sais bien que des femmes aussi peuvent occuper toutes ces fonctions. Pour montrer que c'est une femme qui occupe un poste donné, il suffit de remplacer partout *Monsieur* par *Madame*.

tî tene : *kepakara, wala gĭ *kepaka, wala gĭ *pakara. Ândögiriri, âzo
ahînga gĭ kepakara ôko. Me, sô ngû ayeke hö, sĭ pöpö tî âzo ayeke kâ-
ngbi, âmbênî atö tî tene gĭ pakara, âmbênî abata tî âla gĭ li tî tënë
nî, kepaka. Töngasô sĭ fadësô, sängö awara lê tî ĭrĭ sôotâ sô. Âzo sô
ahînga tî âla äpëe, abâa tî âla atene, sô tënë ndë ndë laâ, ayeke papa
tî hînga sô wa laâ ayeke taâ pĭri sängö, kandâa nî kûê gĭ sängö ôko
laâ. Na yâ tî mbëtĭ sô, fadë mbĭ tene pakara, töngana tî sô âzo mîngi
ayeke tene fadësô. Töngasô, fadë ë tene : Pakara KÖSĬ.

Tî îri mbênî wâlĭ sô ĭrĭ tî lo NANGÂNA Terêza, sĭ e hînga atene
ĭrĭ tî kôlĭ tî lo laâ KÖSĬ Pôlo, e lîngbi tî tene :
NANGÂNA Terêza Yapakara KÖSĬ Pôlo, wala na ndurü nî : NANGÂNA *Ya KÖSĬ.
Sô tî tene : NANGÂNA, wâlĭ tî KÖSĬ. Âmbênî ândurü lêgë tî îri wâli na
ĭrĭ tî kôlĭ tî lo ayeke sô : Yapakara KÖSĬ, Ya KÖSĬ. Na yâ tî gĭra tî
ködörö tî Bêafrîka, wâlĭ ayeke mû ĭrĭ tî kôlĭ tî lo pëpëe. Töngana zo
ayê tî dĭ ĭrĭ tî lo pëpëe, fadë lo îri lo töngana wâlĭ tî zo, wala ma-
mâ tî zo, lo tene : wâlĭ tĭ KÖSĬ, wala mamâ tĭ YALITO, mamâ tĭ bebêe.
Lêgë-ôko, töngana ë tene : Ya KÖSĬ, wala Yakepaka KÖSĬ, sô tî fa atene
wâlĭ nî amû ĭrĭ tî kôlĭ tî lo awe, pëpëe. Gĭ na yâ tî gĭra tî âmbunzû
kûê, sĭ tî âFarânzi ngâ, sĭ yê nî ayeke töngasô : Wâlĭ sô amû kôlĭ awe,
ayeke mû ngâ ĭrĭ tî kôlĭ nî. Sĭ töngana mo tene : Madame POTIRON, ka-
ndâa mo fa atene : wâlĭ sô, taâ ĭrĭ tî lo fadësô ayeke POTIRON sô aye-
ke ngâ ĭrĭ tî kôlĭ tî lo. Na sängö, töngana mo hînga ĭrĭ tî kôlĭ tî
mbênî wâlĭ pëpëe, sĭ mo yê tî sepela lo, mo lîngbi tî îri lo : *Yazo.
Sô tî tene : wâli tî zo. Töngana tî sô : NANGÂNA Terêza Yazo, wala :
Yazo NANGÂNA. Na farânzi, fadë mo tene ânde mademoiselle, sô ndâ nî
ayeke masĭka. Nĭ laâ sĭ, fadësô, âmbênî âkötä wâlĭ mîngi na Pötö abâa
gbä, ahûnda tîtene aîri âla madame, kamême töngana âla yeke na kôlĭ
pëpëe, ayeke sêngê. Sô kûê sô afa atene, kodë tî ë âWabêafrîka ayeke
ndê na terê tî kodë tî âFarânzi, me ndâlinî-mvenî sĭ ayeke sĭönî pë-
pëe. Deku na dû tî lo.

Na yâ tî âtäpandë sô na gbenî sô, fadë mbĭ fa tënë nî na terê tî
âkôlĭ, me, mbĭ hînga kûê, âwâlĭ ngâ alîngbi tî dutĭ na ndö tî âmbätä
sô kûê sô. Tî fa atene zo sô na ndö tî mbätä nî ayeke wâlĭ, mo zĭa Ya,
wala Yapakara, wala Yazo, na ndo sô kûê mbĭ zĭa Pakara da sô.

1. Pour le président de la république :
   - Monsieur Barthélémy BOGANDA, président de la République Centrafricaine,
   - Monsieur le Président de la République.

2. Pour les ministres et les secrétaires :
   - Monsieur KÖSÏ, Premier Ministre,
   - Monsieur le Premier Ministre.
   - Monsieur le Ministre.
   - Monsieur KAZANGBA, Ministre d'Etat chargé de l'Education nationale.
   - Monsieur BÊFIO, Ministre chargé des Relations internationales.
   - Monsieur GBANGO, Ministre chargé des Relations entre le Gouvernement et l'Assemblée nationale.
   - Monsieur ZINGA, Ministre chargé de la Jeunesse et des Sports, délégué auprès du Ministre d'Etat chargé de l'Education nationale.
   - Monsieur NAM-BÖNÄ, Secrétaire d'Etat, chargé de la Culture et des Arts auprès du Ministre des Postes et Télécommunications.
   - Monsieur GÖNÂTA, Secrétaire Général du Gouvernement.
   - Monsieur KARÎNA, Secrétaire Général à la Présidence.

3. Pour les parlementaires :
   - Monsieur MÄVÔODË, Président de l'Assemblée nationale.
   - Monsieur NGAMBÂÎ, Député, (GIRA).
   - Monsieur GERÊKÔLÏ, Député indépendant.

4. Pour les Directeurs et les chefs de service ou de cabinet :
   - Monsieur MANDÂTA, Directeur Général de l'Enseignement.
   - Monsieur BAÂGAZÂ, Directeur de l'Enseignement primaire.
   - Monsieur ÎNG-NAM-NÄ, Directeur adjoint de l'Enseignement secondaire.
   - Monsieur GÖSÊYË, Chef de Service des *Bourses.
   - Monsieur MAKOSA, Chef de Cabinet du Ministre[9].

LA JUSTICE

Tout pouvoir provient du Peuple. Mais pour conduire efficacement les affaires du pays, il faut que le peuple accepte la division du travail. C'est pourquoi ce pouvoir unique qui provient du peuple est subdivisé en trois parties :

1) *Le pouvoir législatif, que détient l'Assemblée nationale;

2) *Le pouvoir exécutif, que détient le chef de l'état et le gouvernement, ainsi que les autorités administratives locales;

3) *Le pouvoir judiciaire, que détiennent les *juges.

Jusqu'ici, je n'ai parlé que des deux premiers pouvoirs. Mais dans un autre ouvrage qu'un homme de loi et moi écrirons ultérieurement, nous traiterons de manière approfondie de la justice. C'est parce qu'il s'agit là d'un sujet très important que nous souhaitons lui consacrer un ouvrage à part. En attendant, il suffira de rappeler que les juges

---

[9]Hormi BOGANDA, tous les noms donnés en exemples sont fictifs.

1. Tî gbïä tî Ködörösêse :
   - Pakara Barthélémy BOGANDA, Gbïä tî Ködörösêse tî Bêafrîka.
   - Pakara Gbïä tî Ködörösêse.

2. Tî âgbenyôgbïä na âwakuasû :
   - Pakara KÖSÏ, Kôzo Gbenyôgbïä,
   - Pakara Kôzo Gbenyôgbïä.
   - Pakara Gbenyôgbïä.
   - Pakara KAZANGBA, Gbenyôgbïä tî Etäa, wadakpälë tî Bätängö-zo na Fängö-yê.
   - Pakara BÊFIO, Gbenyôgbïä, wadakpälë tî âKödörö-wandê.
   - Pakara GBANGO, Gbenyôgbïä, watokua tî Gövörömä na Bâda tî Halëzo.
   - Pakara ZINGA, Kötï Gbenyôgbïä tî âPandara na Wërë, na terê tî Gbe-nyôgbïä tî Etäa wadakpälë tî Bätängö-zo na Fängö-yê.
   - Pakare NAM-BÖNÄ, Wakuasû tî Etäa ngbanga tî Hïngängö-ndo na Kua tî Pendere Yê, na terê tî Gbenyôgbïä tî Sînga na Tokua.
   - Pakara GÖNÄTA, Kötä-Wakuasû tî Gövörömä.
   - Pakara KARÎNA, Kötä-Wakuasû tî Dagbïä.

3. Tî âwabâda :
   - Pakara MÄVÔODË, Mokönzi tî Bâda tî Halëzo.
   - Pakara NGAMBÂÏ, Watokua tî Halëzo, wabâda tî GÎRA.
   - Pakara GERÊKÔLÏ, Watokua tî Halëzo, köbö wabâda.

4. Tî âwayindä na âsêfu.
   - Pakara MÄNDÂTA, Kötä-Wayindä tî Fängö-yê.
   - Pakara BAÂGAZÂ, Wayindä tî Kôzo Molongö tî Fängö-yê.
   - Pakara ÎNG-NAM-NÄ, Kötï Wayindä tî Ûse Molongö tî Fängö-yê.
   - Pakara GÖSÊYË, Sêfu tî Sarawîsi tî *Gûrûsu.
   - Pakara MAKOSA, Sêfu tî Kubû tî Gbenyôgbïä[9].

NGBANGA

Ngangü kûê alöndö na mabôko tî Halëzo. Me tîtene kusâra tî ködörö atambûla nzönî, fôko âzo ayêda tî kângbi kua na pöpö tî âla. Ndâ nî laâ, ngangü sô alöndö kûê ôko na mabôko tî Halëzo sô, akângbi otâ :

1) *ngangü tî lüngö-ndia, sô ayeke na mabôko tî Bâda tî Halëzo;

2) *ngangü tî lëngö-gbïä, sô ayeke na mabôko tî Gbïä tî Ködörö, na â-Kömändëmä tî yâködörö;

3) *ngangü tî fängö-ngbanga, sô ayeke na mabôko tî *âwafängö-ngbanga.

Asï na fadësô, mbï tene gï tënë tî âkôzo ngangü ûse sô. Me na yâ tî mbênî mbëtï sô ë na mbênî *wasêndândia ë yeke sû ânde na pekô, fadë ë koso yâ tî kpälë tî ngbanga da, ague yongôro. Ngbanga tî sô ayeke kötä tënë mîngi laâ e yê tî bâa ndâ nî na yâ tî mbênî bûku ndê sô. Tî fafadësô, alîngbi zo kûê ahînga atene : âwafängö-ngbanga alîngbi tî

---

[9]Âzîa BOGANDA ndê, tanga tî âîrï tî *fayêda sô kûê ayeke tî taâ âzo pëpëe.

ne peuvent accomplir leur devoir correctement et convenablement que si personne ne les menace, ni ne fait pression sur eux. Un chef d'Etat comme il faut ne peut dicter aux juges le jugement qu'ils doivent rendre. De même, un peuple adulte et respectueux des lois de son pays, ne peut pas non plus faire pression sur un juge pour obtenir tel ou tel verdict. Le *code pénal est seul habilité à dicter au juge ce qu'il peut faire.

TYPES DE RAPPORTS ENTRE PAYS

Les pays entretiennent entre eux des rapports comparables à ceux des êtres humains. Chaque pays est maître de lui-même. Ce qu'il veut faire de sa propre entité ne concerne que lui. On dit que le pays est son propre chef, qu'il est *indépendant, qu'il est un *pays libre. Deux pays peuvent développer entre eux une amitié et s'appeler mutuellement *pays amis. S'ils se considèrent comme des enfants d'une même mère, ils s'appelleront *pays frères. S'ils ont signé des alliances, ils se diront des *pays alliés ou des *alliés.

Deux pays peuvent également avoir un différend entre eux. Ils peuvent être des *pays rivaux (ou des *rivaux), lorsqu'ils se querellent souvent et rivalisent constamment pour atteindre les mêmes buts. Ils peuvent être des *pays ennemis (ou des *ennemis) lorsqu'une guerre éclate entre eux. Le plus souvent, le pays le plus fort envoie ses soldats en grand nombre pour s'emparer du *pays faible. On dit que *le pays fort a *envahi le pays faible. C'est une *guerre de conquête. A l'issu de la guerre, une fois le pays faible battu, le pays fort peut maintenir le chef du pays faible dans ses fonctions de chef d'état, mais alors, celui-ci devra exécuter tout ordre que le pays fort lui dictera. On dit que le pays faible est devenu un *protectorat (en d'autres termes un *pays vassal, *un vassal) du pays fort.

Le pays fort peut aussi *destituer le chef du pays faible et le remplacer par un de ses propres ressortissants. De même toutes les personnes ayant quelque parcelle de pouvoir à travers le pays seront tous des ressortissants du pays fort. Autrement dit, des étrangers. Dans ces conditions, ils ne feront que ce qui bon leur semble dans le pays sans le moindre scrupule. Ce pays-là devient alors véritablement l'esclave du pays fort et s'appelle *colonie. Les citoyens du pays puissant qui *exercent le pouvoir dans une colonie exploitent toutes les richesses de celle-ci pour leur profit personnel ou les utilisent pour bâtir

sâra kua tî âla mbîrîmbîrî na lêgëni, gǐ töngana zo ôkò tî sûku na âla,
wala tî pepete âla ayeke pëpëe. Gbïä tî ködörö, sô ayeke gbïä tî mbî-
rîmbîrî, ayeke tene na wafängö-ngbanga lêgë sô lo yê afâa ngbanga nî
na nî, pëpëe. Ngâ na mbâgë, Halëzo sô ahînga-ndo, sǐ akpë ndia tî kö-
dörö tî lo, alîngbi tî hûnda na mbênî wafängö-ngbanga tîtene lo fâa
ngbanga nî töngasô wala töngasô, pëpëe. Gǐ *mbëtïndia* tî ködörö laâ ôko
zo sô alîngbi tî fa lêgë na wafängö-ngbanga, sǐ lo lîngbi tî mû nî.

MARÄ TÎ DUTÏ NA PÖPÖ TÎ ÂKÖDÖRÖ

Âködörö adutï na pöpö tî âla töngana âzo. Ködörö ôko ôko ayeke
mve tî terê tî lo wanî. Yê sô lo yê tî sâra na terê tî lo-mvenî abâa
gǐ lo. Atene ködörö nî ayeke gbïä tî lo wanî, ayeke *ndepandäa, ayeke
*zarä ködörö. Ködörö ûse alîngbi tî sâra söngö na pöpö tî âla sǐ aîri
terê tî âla atene : *ködörö-söngö, wala gǐ *söngö. Töngana âla bâa terê
tî âla töngana âmôlengê tî mamä ôko, âla lîngbi tî îri terê tî âla ate-
ne : *ködörö-îtä wala *îtä. Ka töngana âla gbë mbûki na pöpö tî âla,
âla yeke *âködörö-mbûki wala *âmbûki

Âködörö ûse alîngbi ngâ tî dutï na tënë na pöpö tî âla. Âla lî-
ngbi tî du *âködörö-sambâ wala *âsambâ, sô töngana âla yeke papa lâkûê,
ayeke sâra mandako lâkûê tî wara yê ôko sô âla ûse kûê ayeke gi lêgë
nî. Âla lîngbi tî du *âködörö-wato wala *âwato, töngana birä abutuma
na pöpö tî âla. Mîngi nî, ködörö sô akpêngba ahö mbâ tî lo ato âturûgu
tî lo na gbânî tî kamâta *wowôo ködörö nî. Atene : *ngangü ködörö nî
*alakata wowôo ködörö nî. Aîri sô : *birä tî kamâta-ndo. Na pekô tî bi-
rä nî, sô wököngö ködörö nî atï awe sô, ngangü ködörö nî alîngbi tî
zîa gbïä tî wowôo ködörö sô angbâ gbïä na yâ tî ködörö tî lo, me fadë
lo sâra ânde yê sô kûê gbïä tî ngangü ködörö nî akomandêe na lo. Atene
wowôo ködörö nî atï *va wala *ködörö-va tî ngangü ködörö nî.

Ngangü ködörö nî alîngbi ngâ tî *fîngi gbïä tî wowôo ködörö nî,
sǐ lo zîa âwaködörö tî lo wanî na li tî wowôo ködörö nî töngana gbïä
nî. Töngasô, azo sô, na yâ tî ködörö nî kûê, ayeke na mbênî kêtê kömä-
ndëmä ayeke kûê gǐ âzo tî ngangü ködörö sô. Sô tî tene : gǐ âwandê.
Habe sô, fadë âla sâra taâ gǐ yê tî bê tî âla na yâ tî ködörö nî, asan-
futêe na nî. Sǐ ködörö nî sô agä taâ *ngbâa* tî ngangü ködörö nî. Aîri
nî *ködörö-ngbâa. Âzo tî ngangü ködörö, sô ayeke lë gbïä na yâ tî kö-
dörö-ngbâa, ayeke gbôto mosoro tî yâ nî kûê, tî gue tî sâra na rîsi tî
âla-mvenî, wala tî leke na ködörö tî âla. Âla tene : âmosoro sô ayeke

leur propre pays. Ils prétendent que ces richesses n'appartiennent à personne jusqu'à ce qu'ils les aient extraites pour les emporter dans leur pays. C'est comme si un voleur disait que les biens qu'il a volés n'appartenaient à personne et lui reviennent de droit parce qu'il s'est donné la peine de les voler. Celui qui vient s'emparer des biens d'un pays, que ce soit par la ruse ou par la force, se comporte comme un voleur qui peut voler les biens d'autrui par la ruse ou à main armée. C'est ce qu'on appelle de *l'exploitation. Le chef du pays fort, qui commande également dans un autre pays plus faible, est appelé *empereur, et son puissant pays, un *empire. Très souvent un empire est aussi *impérialiste et *exploiteur, car il exploite presque toujours les protectorats ou les colonies qu'il domine. Il en était autrefois ainsi. Mais il y a environs vingt à trente ans que le nombre des empires a regressé. Aujourd'jui, la plupart des pays forts qui exploitent les autres ne s'appellent plus des empires, mais seulement des *puissances.

Un protectorat peut revêtir les apparences d'un *pays indépendant, car le chef qui le gouverne est issu du pays même. Mais le pays n'est pas indépendant car, dans le fond, les gouvernants ne travaillent que pour les intérêts de la puissance étrangère, laquelle ne les protège qu'à cette condition. Ils se servent, chemin faisant, sur les richesses du pays, cependant que tous les autres habitants du pays sont maintenus dans la misère. C'est pourquoi la plupart des dirigeants des pays vassaux dits protectorats apparaîssent comme des chefs indignes, qui acceptent d'abandonner leur concitoyens à la misère, pourvu qu'eux-mêmes soient épargnés. Et lorsqu'écrasés par le dénuement, les habitants essayent de protester, le chef indigne ne sait que tuer et emprisonner. On dit qu'il *opprime la population du pays. Si tout le peuple, poussé à bout, se déchaîne contre ce chef indigne, on dit qu'il *se soulève, ou qu'il mène une *guerre révolutionnaire. Mais si ce sont des soldats qui, ne pouvant plus tolérer la situation, renverse un chef indigne, on appelle cela un *coup d'état.

Les populations d'une colonie cherchent toujours les moyens de libérer leur pays de l'esclavage colonial qu'il subit. Ils se révoltent contre le pays étranger qui les exploitent, et mènent une *guerre de libération, afin que leur pays devienne un pays indépendant, un pays libre. Le plus souvent, ils créent à cet effet un parti politique qu'ils peuvent dénommer *parti de libération ou *parti pour l'indépendance. on dit aussi que la guerre qu'ils mènent est une *guerre d'indépendance.

fadë tî mbênî zo pëpëe, sî ânî gbô tî gue na nî na ndo tî ânî sô. Aye-
ke töngana zo tî nzǐ sô alîngbi tî tene : kûngbâ sô nǐ nzǐ sô ayeke tî
mbênî zo pëpëe, agä tî nǐ na lê tî ndia awe, ndâli tî pâsi sô nǐ bâa
na nzǐngö nǐ sô. Zo sô agä tî kamâta mosoro tî mbênî ködörö na mayëre
wala na ngangü, asâra terê tî lo töngana zo tî nzǐ, sô alîngbi tî nzǐ
yê tî mbâ tî lo zo na mayëre wala ngombe na mabôko. Aîri sô *doroko-
ndo. Gbïä tî ngangü ködörö, sô akomandêe ngâ mbênî wowôo ködörö sô,
aîri lo *tögbïä. Sî aîri gbâ tî âködörö sô kûê lo komandêe da sô, ate-
ne : *ködörö-tögbïä. Tî mîngi nî, ködörö-tögbïä ayeke ngâ *wadoroko-
ndo, ngbanga tî sô lo yeke doroko lâkûê âködörö-va wala âködörö-ngbâa
sô na gbe tî lo. Yê nî ayeke ândö töngasô. Me, asârangû balë-ûse wala
ngû balë-otâ fadësô, sî wüngö tî âködörö-tögbïä akîri na pekô. Fadësô,
mîngi tî ângangü ködörö sô ayeke doroko âmbâ tî âla, aîri terê tî âla
ködörö-tögbïä mbênî pëpëe, me gǐ *ködörö-ngangü.

 Ködörö-va alîngbi tî kpa *ndepandäa ködörö, ngbanga tî sôgbïä sô
na li nî ayeke mbênî môlengê tî ködörö nî 'mvenî. Kandâa ködörö nî aye-
ke ndepandäa pëpëe, ndâli tî sô, tî pîri nî, âwalëngö-gbïä na yâ nî
ayeke sâra kua gǐ ndâli tî bozö tî gbïä-wandê, sô ayeke bata ngâ âla
na li tî ködörö nî gǐ ndâlinî. Na lêgë, âla yeke te ngâ tî âla mbâgë
tî mosoro tî ködörö nî. Me, tanga tî âwaködörö nî kûê angbâ tî âla gǐ
na yâ tî pâsi. Ndâ nî laâ, mîngi tî âgbïä tî ködörö-va akpa âgbïä tî
sǐönî sô ayêda tî zîa âwaködörö tî âla na yâ tî pâsi, sô töngana terê
tî âla-mvenî adu nzönî awe. Töngana pâsi nî ahö ndö tî âwaködörö nî
awe, sî âla yê tî zî yângâ, sǐönî gbïä sô ahînga tî lo gǐ tî fâa âmbê-
nî, tî kângâ âmbênî. Atene : lo yeke *honga âzo tî ködörö nî. Töngana
halëzo nî kûê abâa gbä, sî atombôga na terê tî sǐönî gbïä sô, atene lo
*lesua na terê tî gbïä nî, wala lo sâra *birä tî lesüä. Me, töngana gǐ
âturûgu tî ködörö nî laâ abâa gbä, sî afîngi gbïä tî sǐönî sô, atene :
sô *kûdetäa. (Alîngbi tî sû nî ngâ coup d'état).

 Âzo tî yâ tî ködörö-ngbâa ayeke gi lêgë lâkûê tî zî ködörö tî âla
na yâ tî ngbâa sô lo yeke da. Âla yeke lesua na terê tî ködörö-wandê
sô ayeke doroko âla sô. Sî âla tiri *birä tî zärängö-ndo, tîtene ködö-
rö tî âla agä ndepandäa, agä zarä ködörö. Tî mîngi nî, tî sâra yê nî
töngasô, âla lü mbênî kamâ-porosö sô âla lîngbi tî îri nî *kamâ tî zä-
rängö-ndo wala *kamâ tî lipandäa. Atene : birä sô âla yeke tiri sô aye-
ke *birä tî lipandäa.

La route de l'indépendance est longue. Dans la plupart des cas, l'impérialiste exploiteur ne laisse pas de gaîté de coeur sa colonie accéder à une véritable indépendance. Il cherchera un moyen de la duper afin de conserver une ficelle lui permettant de poursuivre ses activités dans le pays. Il peut lui abandonner toute autorité à l'intérieur de ses frontières. Ce que l'on appelle *l'autonomie interne. Et la colonie sera appelé *pays à autonomie interne, ou en plus bref, *pays autonome. Mais à l'extérieur, l'impérialiste exploiteur continue de contrôler les relations du pays à autonomie interne avec tous les autres pays étrangers. Autrement dit, le pays autonome n'est qu'à moitié indépendant. Cependant l'impérialiste exploiteur lui expliquera qu'il n'a agi ainsi que pour son bien, car le pays n'est pas encore mûr pour l'indépendance. L'heure n'est pas encore venue. Et puis, les pays indépendants ont beaucoup trop de problèmes à affronter. L'indépendance ne lui convient pas! Il vaut mieux pour lui se contenter de l'autonomie interne, etc. Plus tard, lorsque les gens du pays seront las d'entendre de telles sornettes et se lèveront pour revendiquer à nouveau et avec violence une indépendance véritable, l'impérialiste exploiteur ne pouvant faire autrement les laissera maîtres d'eux-mêmes dans une *indépendance totale.

Mais les tribulations de ce *pays nouvellement indépendant ne finissent pas là. Une fois terminées les *festivités de l'indépendance, les gens commencent à prendre conscience du *sous-développement. Et c'est ce qu'attendait *l'ancienne puissance étrangère. Elle tiendra ce langage au chef tout neuf du pays nouvellement indépendant : soyons amis, travaillons la main dans la main. Tout ce que tu voudras pour toi-même ou pour ton pays je te le vendrai à un bon prix ou avec un crédit avantageux. De ton côté tu ne vendras qu'à moi seul toutes les matières premières de ton pays à un prix d'ami! D'accord? — D'accord! Dès le lendemain, la puissance étrangère commencera à envoyer ses ressortissants comme *volontaires du progrès, *coopérants, *conseillers techniques, *missionnaires d'un genre nouveau, et soudain, un beau jour, des soldats débarquent à nouveau. On dira tantôt qu'ils ne sont revenus que pour entraîner ceux du pays, tantôt qu'ils sont là pour défendre le pays en cas d'agression extérieure, comme s'il n'y avait pas d'armée nationale! Vrai ou faux, toujours est-il que, petit à petit, ce pays qui aura longuement lutté pour reconquérir son indépendance au prix du sang de ses fils sera retombé en esclavage sous la coupe de son ancien exploiteur. On dit qu'il est devenu une *néo-colonie. Et sa situation est pire que celle de toutes les colonies d'antan.

Lêgë tî *lipandäa ayo. Tî mîngi nî, wadoroko-ndo nî ayê na bê tî
lo kûê tî zîa ködörö-ngbâa nî agä taândepandäa pëpëe. Fadë lo gi lêgë
tî hânda lo tîtene nï bata ngâ mbênî kêtê lêgë tî särängö kua tî nï na
yâ tî ködörö nî. Lo lîngbi tî zîa na lo kömändëmä kûê na yâ tî katikâ-
ti tî lo. Aîri sô atene *sêgbïä tî yâda. Sï aîri ködörö-ngbâa nî fadë-
sô atene : Ködörö tî sêgbïä tî yâda, wala na ndurü ïrï *ködörö-wada.
Na gîgî wadoroko-ndo nî laâ angbâ tî lë gbïä na ndö tî dutï tî ködörö-
wada nî na tanga tî âködörö kûê. Sô afa atene, ködörö-wada awara gï
ndâmbo tî lipandäa. Me, fadë wadoroko-ndo nî atene na lo atene : nï
sâra sô gï ndâli tî nzönî tî lo, ngbanga tî sô lô de lo gbakama sï lô
gä ndepandäa pëpëe. Tângo nî âde. Na mbâgë âködörö sô ayeke ndepandäa
sô, ayeke na pâsi mîngi tî tirika na nî. Lipandäa alîngbi na lo pëpëe.
Ayeke nzönî lo ngbâ gï ködörö-wada, alîngbi. Töngasô ague na nî... Gbâ-
ndä, töngana âwaködörö nî amä marä tî tënë sô ngbiii sï asï yâ tî âla
awe, sï âla löndö tî hûnda taâ lipandäa na ngangü, fadë wadoroko-ndo
nî abâa gbä, azîa na âla lêgë, tîtene âla gä gbïä tî âla-mvenî na yâ
tî *lipandäa mobimba.

Me pâsi tî *finî ndepandäa ködörö sô ahûnzi ndo sô pëpëe. *Matâ-
nga tî lipandäa nî âhûnzi awe, lê tî âzo agä tî zï na ndö tî *pâsi tî
mosoro. Nî laâ *ngbêle ködörö-ngangü ôko sô ayeke kü. Fadë lo tene na
finî gbïä tî finî ndepandäa ködörö nî atene : Zîa ë sâra söngö, e sâra
kua mabôko na mabôko. Yê sô kûê mo yê ngbanga tî mo wanî wala ngbanga
tî ködörö tî mo, mbï yeke kä nî na mo na kêtê ngêrë wala na nzönî küdä.
Na mbâgë tî mo, fadë mo kä kukûu mosoro tî ködörö tî mo kûê gï na mbï
ôko na kêtê ngêrë tî söngö. To? — To! Ndo ahän, ködörö-wandê sô ato
âzo tî lo na gbânî, töngana *âwanzöbë tî yâda ködörö na ndüzü, *âbazü-
ngele tî sîrïrï, *âwatângbi-kua, *âwawängö tî kodëkua, *âmunzûnzapä tî
finî marä nî, t.a.n., sï e-yê-tî-bâa, mbênî lâ âturûgu akîri agä. Ate-
ne : ô? âla kîri gï ngbanga tî fa tîrïngö-birä na âla tî ködörö nî, ô?
âla gä ndo sô tî bata ködörö nî sï töngana mbênî ködörö-wandê atakêe
ködörö nî, sï âla tiri birä na lo, mô-bâa-mo-tene âturûgu tî ködörö nî
'mvenî ayeke da pëpëe. Taâtënë wala mvene, me yê nî laâ, kêtê na kêtê,
ködörö nî, sô atirika ngbiii sï avo lipandäa tî lo na mênê tî âmôlengê
tî lo sô, akîri atï taâ ngbâa tî ngbêle wadörököngö-lo sô awe. Atene
lo gä : *finî ködörö-ngbâa. Dutï tî lo akîri agä sïönî ahö tî âködörö-
ngbâa tî giriri kûê.

LES *AUTORITÉS ADMINISTRATIVES LOCALES

L'admistration locale est organisée en fonction de ce que l'on veut faire du pays. L'étranger qui vient exploiter un pays organisera l'administration locale de la manière la plus apte à lui accorder le plus de pouvoir possible sur les autochtones. Tout ce qu'il désire, c'est d'être craint, écouté, obéi de tous, au doigt et à l'oeil. Les indigènes susceptibles de lui prêter main forte, il les place comme chefs de leurs semblables dans les petits villages de brousse. Le pays est subdivisé en différentes circonscriptions :
- *la préfecture dirigée par un *préfet,
- *la sous-préfecture dirigée par un *sous-préfet,
- *le canton à la tête duquel se trouve un *chef de canton,
- *le village, commandé par un *chef de village,
- *le quartier, commandé par un *chef de quartier.

En outre, dans chaque ville, les habitants élisent quelqu'un chargé de veiller au bien-être social dans la municipalité. On l'appelle le *maire. On élit également ses conseillers dont l'ensemble constitue le *conseil municipal. On les appelle des *conseillers municipaux.

Ce sont toutes ces personnalitées que l'on appelle les *autorités administratives locales. Toutes ces autorités sont des *administrateurs. Ils représentent le gouvernement dans chaque petit village.

UNE AUTRE VOIE

L'organisation du pouvoir administratif local que je viens de présenter est celle à nous léguée par les Européens. Mais comme je l'ai dit plus haut, le puissance étrangère qui vient exploiter un pays ne peut y organiser une administration locale en fonction des seuls intérêts des autochtones, mais bien plutôt pour ses propres intérêts. C'est pourquoi, le pays qui se veut véritablement indépendant, qui est vraiment son propre maître, cherchera une autre voie, qui respecte davantage ses traditions spécifiques, et que les nationaux acceptent de bâtir selon leur coeur pour les seuls intérêts de leur pays. Mais cela, il appartient aux nationaux eux-mêmes d'y réfléchir, car tout pouvoir provient du Peuple.

* KÖMÄNDËMÄ TÎ YÂKÖDÖRÖ

Zo asâra *kömändëmä tî yâködörö alîngbi na yê sô lo yê tî sâra na ködörö nî. Wandê sô agä tî doroko ködörö ayeke leke kömändëmä tî yâ tî ködörö nî na kodë sô alîngbi tî mû na lo ngangü na ndö tî âwaködörö nî. Yê sô lo yê laâ gî tîtene âzo akpë mbeto tî lo, amä yângâ tî lo, sî asâra kua na lo töngana sô bê tî lo ayê. Âwaködörö sô alîngbi tî mû na lo mabôko laâ lo yeke zîa âla töngana mokönzi na li tî âmbâ tî âla na yâ tî âkêtê ködörö tî ngonda. Asûngbi yâ tî ködörö nî na sêsendê ndê :

- *sêse tî kömändâ-kötä, sô *kömändâ-kötä laâ adutï na linî;
- *sêse tî kömändâ-kêtê, sô *kömändâ-kêtê laâ adutï na linî;
- *sêse tî kandôo, sô *kandôo laâ adutï na linî;
- *sêse tî mokönzi, sô *mokönzi laâ adutï na linî;
- *sêse tî kapîta, sô *kapîta laâ adutï na linî.

Na mbâgë, na yâ tî gbätä ôko ôko, âwaködörö ayeke votêe mbênî zo, sô ayeke wabängö lêgë tî nzonî dutî na yâ tî ködörö nî. Aîri lo *lamêre. Âzo ayeke votêe ngâ âwawängö tî lo, sô bûngbi tî âla kûê asâra *lïngö tî gbätä. Aîri âla atene : âwawängö tî gbätä.

Sô kûê laâ aîri nî : kömändëmä tî yâködörö. Âkömändëmä sô kûê ayeke *âwalëngö-ködörö. Âla yeke töngana mabôko, mê, na yângâ tî gövörömä na yâ tî ânzêre nzêre ködörö nî kûê.

MBÊNÎ LÊGË NDÊ

Lêgë tî lëkëngö kömändëmä tî yâködörö sô mbï fa ndo-sô sô, ayeke lo-sô âmbunzû tî Pötö azîa na ë. Me, töngana sô mbï tene tënë nî sô, ngangü ködörö-wandê, sô agä tî doroko mbênî ködörö, alîngbi tî leke kömändëmä tî yâ nî ndâli tî nzonî tî âwaködörö nî pëpëe, me gï ndâli tî nzonî tî lo wanî. Ndâ nî laâ, ködörö sô ayê tî du taâ ndepandäa bî-anî, sô ayeke taâ gbïä tî lo wanî, ayeke gi mbênî lêgë ndê, sô alîngbi na gîra tî lo wanî, sî âwaködörö nî ayêda tî kïngö nî töngana tî sô bê tî âla ayê, gï ndâli tî nzonî tî ködörö tî âla. Me sô, âwaködörö 'mvenî ayeke gbô li tî âla da tî gïngö nî. Ngangü kûê alöndö na mabôko tî Halëzo.

REPUBLIQUE CENTRAFRICAINE Unité - Dignité - Travail ——— CARTE D'ELECTEUR ——— Préfecture de_____ Sous-Préfecture de_____ Ville ou village de_____ N°_____	SCRUTIN N° 1 / SCRUTIN N° 2 SCRUTIN N° 3 / SCRUTIN N° 4 SCRUTIN N° 5 / SCRUTIN N° 6 SCRUTIN N° 7 / SCRUTIN N° 8

a). Carte d'électeur : A gauche, première page de couverture;

A droite, dernière page de couverture.

b). Ci-dessous. Carte d'électeur : page intérieure.

BUREAU DE VOTE

                    Nom du bureau _____

                    N° _____

N° de l'inscription sur la liste électorale : _____

NOM : _____

Prénoms : _____

Profession : _____

Date de naissance : _____

Lieu de naissance : _____

Domicile _____

Le_____19____   Cachet   Signature

    Le Maire   de la Mairie   de l'électeur.

       ou   ou

Le Chef de Circonscription   de la Circonscription

KÖDÖRÖSÊSE TÎ BÊAFRÎKA
Bê Ôko -- Nëngö-terê - Kusâra

KÂRÂTE TÎ WAVÔTE

Sêse tî Kömändâ-kötä

tî _____

Sêse tî Kömändâ-kêtê

tî _____

Gbätä wala Ködörö

tî _____

N° _____

VÔTE N° 1	VÔTE N° 2
VÔTE N° 3	VÔTE N° 4
VÔTE N° 5	VÔTE N° 6
VÔTE N° 7	VÔTE N° 8

a). Kârâte tî Wavôte : Na gale, kôzo lê tî ndöbê nî;

Na kötî, ndângbâ lê tî ndöbê nî.

b). Na gbenî. Kârâte tî Wavôte : mbâgë tî yâ nî.

BIRÖO TI VÔTE

Ïrï nî : _____

N°   : _____

Nömörö tî süngö Ïrï tî wavôte nî na yâ tî bûku tî vôte : _____

ÏRÏ : _____

Ïrï tî nzapä : _____

Lâ tî düngö wanî : _____

Ndo tî düngö wanî : _____

Lindo : _____

Längö _____ 19 _____   Tapöon tî Dagbätä   Maböko tî wavôte nî.
                                        wala tî
    Mabôko tî Mokönzi-gbätä   Gbefâ tî vôte nî
            wala tî
Mokönzi tî Gbefâ tî vôte nî.

PÉNALITÉS

Loi 62/345 du 11 décembre 1962.
Art. 8.

Sera punie d'une amende de 1000 à 5000 francs CFA,
a) toute personne qui ne sera pas en mesure de présenter sa carte nationale d'identité au 1er Janvier 1965.
b) toute personne qui se fera délivrer deux ou plusieurs cartes d'identité à son nom, alors qu'elle est en possession d'une carte valable.

Loi 60/164 du 17 novembre 1960.
Art.9.

Seront punis d'une amende de 5000 à 25 000 francs CFA et d'un emprisonnement de 1 à 3 mois ou l'une de ces deux peines :
1). Ceux qui auront falsifié leur carte d'identité,
2). Ceux qui se feront délivrer plusieurs cartes d'identité à des noms différents,
3). Ceux qui auront prêté, loué, vendu leur carte d'identité,
4) . Ceux qui auront fait usage de la carte d'identité d'une tierce personne.

REPUBLIQUE CENTRAFRICAINE

Unité - Dignité - Travail

CARTE NATIONALE

D'IDENTITE

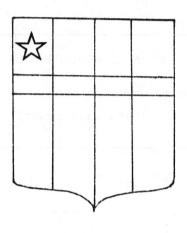

a). Carte nationale d'identité: A gauche, dernière page de couverture,
A droite, première page de couverture.
b). Ci-dessous : Carte nationale d'identité, page intérieure.

NOM : _____
Nom de jeune fille:

_____

Prénom : _____

Nationalité : _____

Fil_____de : _____

Et de : _____

Né_____le : _____

A : _____

Profession : _____

Domicile : _____

_____

Empreinte de l'index gauche :

Timbre

photographie

Délivrée le : _____

à : _____

Sous le N° _____

Le Commissaire de Police

PÎKA TÎ NDIA

Ndia 62/345 tî 11 Kakawaka 1962.
Surä 8.

a) Zo kûê sô, na lāngö 1 tî Nyenye 1965, alîngbi tî fa kârâte tî lo tî waködörö pëpëe,

b) Zo kûê sô agi sî awara kârâte tî waködörö ûse wala mîngi na îrî tî lo ôko, kandâa sô lo yeke na mbênî awe, sô ngû nî âde ahûnzi pëpëe,

Fadë lo fûta lamânde tî farânga CFA 1.000 asî na 5.000.

Ndia 60/164 tî 17 Nabändüru 1962.
Surä 9.

1) Zo sô agbîen lê tî kârâte tî lo tî waködörö, wala akpaka mbênî yê na lênî,

2) Zo sô agi sî awara kârâte tî waködörö mîngi ngbanga tî lo ôko, me na îrî ndê ndê da,

3) Zo sô akä kârâte tî lo tî waködörö, wala adêfa nî, wala amû nî na zo na luwemäa,

Fadë lo fûta lamânde tî farânga CFA 5.000 asî na 25.000, wala lo sâra kânga tî nze ôko asî na nze otâ, wala lo lï pâsi sô ûse kûê.

KÖDÖRÖSÊSE TÎ BÊAFRÎKA

Bê Ôko - Nëngö-terê - Kusâra

KÂRÂTE TÎ WAKÖDÖRÖ

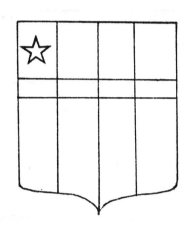

a). Kârâte tî waködörö : Na gale, ndângbâ lê tî ndöbê nî,
Na kötî, kôzo lê tî ndöbê nî.
b). Na gbenî : Kârâte tî waködörö, mbâgë tî yâ nî.

ÎRÏ : _____

Tî âwâlï, îrî tî düngö wanî kôzonî,
Sî îrî tî kôlï tî wanî : _____

Îrî tî nzapä : _____

Waködörö tî : _____

Mölengê-(kôlï____/wâlï____) tî : _____

Na tî : _____

Lâ tî düngö wanî : _____

Ndo tî düngö wanî : _____

Kua : _____

Lindo : _____

Këkërë tî babango tî gale : _____

Têmbere

fotöo

Lâ tî müngö kârâte sô na wanî : _____

Na : _____

Ndömörö nî : _____

Kömändâ tî Polîsi

TÖNDÖ TÎ KUA   -   RAPPORT D'ACTIVITE

Birôo tî vôte tî :
Bureau de vote de : _____

Nömörö tî birôo nî :
Nunéro du bureau : _____

Âwagbesû :   Kpäkë mbëtîvôte :

Inscrits : _____   *Bulletins nuls :* _____

Âwavötëngö-nî :   Boro mbëtîvôte :

Votants : _____   *Suffrages exprimés :* _____

ÂWAMANDAKO   Gbegô tî zo ôko ôko   Sêyângbangbo.
LES CANDIDATS   *Suffrages obtenus par chacun*   *Pourcentage.*

1. _____   _____   _____

2. _____   _____   _____

3. _____   _____   _____

4. _____   _____   _____

Tënë tî tene da (wala *wësë*) :
Observations :

Mokönzi tî birôo tî vôte nî   Watöndö nî   Awakamâ tî âwamandako nî.
Le Président du bureau de vote   *Le rapporteur*   *Les représentants des candidat*

KÊTÊ BAKARÎ

LEXIQUE

sango-français

QUELQUES NOTIONS DE GRAMMAIRE

Dans toutes les langues, il y a une façon correcte de parler que l'on apprend en apprenant la langue elle-même. C'est l'ensemble des règles qui régissent cette façon correcte de parler que l'on appelle *grammaire.

La grammaire sango enseigne l'existence de plusieurs catégories lexicales dans cette langue. Certains mots ne servent essentiellement qu'à dénommer des choses de la vie, comme par exemple :

zo	homme	*ngendë*	chaise
gbïä	chef	*yingö*	esprit
sandûku	caisse	*kodë*	intelligence, etc.
ngäsa	caprin		

On appelle cette catégorie de mots des *noms. Ils sont de véritables noms que l'on donne aux objets. D'autres mots servent surtout à exprimer une qualité, une propriété des choses :

ndurü	court	*kêtê*	petit
bengbä	rouge	*ngëngö*	maigre
könöngö	gros	*yongôro*	long, etc.
kötä	grand		

On appelle cette sorte de mots, des *adjectifs qualificatifs*, ou mieux, des *qualifiants*. Ce dernier terme rend très bien le sens de *pasûndâ*, mot sango désignant cette catégorie, et qui signifie littéralement : la parole (*pa-*) qui révèle (*-sû-*) le fond (*-ndâ*), le trait essentiel caractéristique des choses. Ainsi, si je dis :

Cette corde est longue, ou bien : *C'est une longue corde*; on con-

sängo-farânzi

NDURÜ TËNË NA NDÖ TÎ NDIAYÂNGÂ

Na yângâ tî ködörö kûê, mbîrîmbîrî lêgë tî tënëngö tënë ayeke da, sô zo ayeke manda lâkûê sô lo gä tî manda yângâ tî ködörö nî. Gbâ tî ândia sô kûê ayeke mba nzönî tënëngö-tënë sô laâ aîri nî *ndiayângâ, sô tî tene : ndia tî yângâ.

Ndiayângâ tî sängö afa atene marä tî lê tî tënë ayeke ndê ndê na yâ tî yângâ nî. Âmbênî tënë ayeke da gǐ ngbanga tî îri na âyê tî gîgî ndê ndê. Töngana tî sô :

zo	ngendë
gbïä	yíngö
sandûku	kodë, t.a.n.
ngäsa	

Aîri âmarä tî tënë sô atene : *pandôo. Âla yeke pîri ǐrǐ tî îri na yê. Âmbênî tënë ayeke sô zo adǐ na terê tî yê gǐ tî fa na lêgë tî dutǐ tî yê nî, töngana tî sô :

ndurü	ngëngö
bengbä	yongôro
könöngö	mǐngi
kötä	ngangü
kêtê	pendere, t.a.n.

Aîri marä tî âtënë sô atene : *pasûnda. Nzönî e ɛ́ á bê tî ë atene, na yângâ tî sängö tî gündâ nî, ndâ tî pa laâ : tënë. Töngasô-mvenî sǐndâ tî pasûndâ laâ : tënë sô ayeke sû ndâ tî mbênî tënë, ayeke fambênî yê tî terê tî lo. Töngana mbǐ tene :

Kâmbà sô ayeke yongôro nǐ wala : Sô yongôro kâmba, fadë ë tene :

viendra que ce dont je parle est désigné par le mot *corde*, tandis que le mot *longue* n'est utilisé que pour caractériser cette corde entre toutes les autres cordes de l'environnement. Ce dernier terme est donc un qualificatif. Disons : un *adjectif qualificatif*. Les mots *pasûndâ* et *adjectif* ne recouvrent en effet que partiellement, quoique largement, le même champ sémantique.

Il y a une autre catégorie de mots que l'on n'utilise que pour dénommer des actes ou des états. Ainsi :

sukûla	laver	*nge*	être maigre
maman lave les assiettes		ce cabri là est très maigre	
löndö	se lever, quitter	*yeke*	être
cet homme a quitté son travail		il y a de la nourriture dans la maison	
		(litt. la nourriture est dans la maison)	

On appelle cette catégorie de mots, des *verbes*, la parole (*pa-*) des actes (*lî*). Une autre catégorie de mots sert à désigner les façons d'être et d'agir. Par exemple :

hîo	vite	*kperekpere*	abondamment
tu laves vite les assiettes		il parle abondamment	
yeeke	lentement	*vîi-nga*	sans ambage
tu laves lentement les assiettes		il parle sans ambage.	

On appelle cette catégorie de mots, des *adverbes* soit, en sango : *mba-sêlî* (litt. : *mba-* régir, *-sê-* position, caractéristiques, *-lî* acte; soit : qui régit les traits caractéristiques de l'acte). En fait les adverbes sont aux verbes ce que sont les qualificatifs aux noms.

On appelle *catégories lexicales*, les différentes sortes de mots que je viens de décrire. Il y a d'autres catégories lexicales dont je n'ai pas parlé ici. Chaque langue a les siennes propres, c'est pourquoi, dans un dictionnaire bien fait, il faut indiquer la catégorie lexicale de chaque mot. Nous savons à présent qu'en sango, il y a lieu de distinguer les quatres catégories lexicales suivantes : *nom, qualificatif, verbe* et *adverbe*.

DANS LE LEXIQUE

Dans le lexique, le terme que l'on écrit en tête de ligne afin de l'expliquer s'appelle une *entrée. On dit aussi une *vedette ou un *mot-vedette. On en distingue deux sortes :

a) l'entrée unitaire qui est un mot unique entre deux blancs, comme : *chef, travail, adresse*...

kâmba ayeke îrî tî yê sô mbî yeke tene tënë nî sô, ayeke *pandôo*. Sî tënë sô mbî dî tî fa na marä tî kâmba nî laâ *yongôro*. Nî-mvenî ayeke *pasûndâ*.

Âmbênî marä tî tënë akîri ayeke da, sô zo ayeke dî tî fa na särängö-yê wala dütïngö nî. Töngana tî sô :

sukûla	*löndö*
mamâ *asukûla* sembë	kôlî sô *alöndö* na kua tî lo awe.
nge	*yeke*
ngäsa nî *ange* mîngi	kôbe *ayeke* na da, t.a.n.

Aîri marä tî tënë sô atene : *palî. Na yângâ tî sängö, *lî* ayeke : yê sô kûê zo alîngbi tî sâra. Töngasô, *palî* ayeke *pa* tî *lî*, wala tënë sô ayeke dî na terê tî särängö-yê.

Âmbênî tënë ayeke da sô kua tî âla laâ gî tî fa lêgë tî särängö-yê wala tî dütïngö nî. Töngana tî sô :

hïo	*yeeke*
mo sukûla sembë nî *hïo*	mo sukûla sembë nî *yeeke*
kperekpere	*vïi-nga*
lo tene tene *kperekpere*	lo tene tënë nî *vïi-nga* na lo.

Aîri marä tî âtënë sô atene : *mbasêlî. Nî-mveni ayeke mba ndâ tî palî, töngana tî sô pasûndâ ayeke mba ndâ tî pandôo.

Aîri marä tî âtënë ndê ndê sô mbî fa sô atene : *mbupa. Âmbênî marä tî âtënë, wala mbupa, ayeke mîngi sô mbî fa nî gepëpëe. Yângâ tî ködörö ôko ôko ayeke na âmbupa tî lo sô alîngbi na lo. Ndâ nî-mvenî sî, na yâ tî bakarî tî mbîrîmbîrî, fôko ë fa mbupa sô âtënë tî yâ tî yângâ-ködörö nî akângbi da. Fadësô, ë hînga atene, na yângâ tî sängö, âkötä mbupa ayeke usïö : *pandôo, pasûndâ, palî*, na *mbasêlî*.

NA YÂ TÎ BAKARÎ

Na yâ tî bakarî, tënë sô ë yeke sû nî kôzonî, sî ë yeke fandâ nî na pekônî sô, mbî îri nî *lipa. Marä tî âlipa ayeke ûse :
a) lo sô ayeke gî ngengele tënë ôko. Töngana tî sô : *gbïä, kusâra, aderêsi...*

b) l'entrée qui est un groupe de mots du genre : *devoir national, émissaire du peuple, président du bureau de vote*, etc., et que l'on appelle une **locution*, ou une **expression*. Les mots qui forment une locution sont toujours organisés autour d'un élément principal appelé **élément régisseur* ou **tête de locution*. Dans les locutions ci-dessus citées, les éléments régisseurs sont : *devoir, émissaire, président*. Mais il ne faut pas en conclure que les éléments régisseurs sont toujours les premiers mots d'une locution. En effet, dans des expressions comme : *un véritable gouvernement de transition, une grande nouvelle, une heureuse et agréable surprise*, les éléments régisseurs sont respectivement : *gouvernement, nouvelle, surprise*. On comprend qu'il puisse y avoir plusieurs sortes de locutions. Je n'en distinguerai que deux ici : a) les locutions régies par un nom, comme toutes celles que nous avons vues jusqu'ici, et b) les locutions régies par un verbe, comme par exemple : *exercer le pouvoir, accorder sa confiance à quelqu'un*, etc. On les appelle respectivement des **locutions nominales* et des **locutions verbales*.

Dans ce lexique, lorsque l'entrée est un mot unitaire, j'en indiquerai la catégorie lexicale par *pandôo* (nom), *palî* (verbe), *pasûndâ* (qualificatif), et *mbasêlî* (adverbe). Par contre, si l'entrée est une locution, j'en indiquerai la catégorie lexicale en précisant *penzelö tî pandôo* (locution nominale), ou *penzelö tî palî* (locution verbale). Le mot *Bâa* : (voir à :) précède une entrée à laquelle je renvois. Un synonyme, ou une expression équivalente, est précédé de *Wala* : (Ou bien :); tandis qu'un antonyme sera introduit par : *Ga nî* : (Le contraire :).

J'ai classé les entrées dans l'ordre alphabétique des phonèmes du sango, ainsi qu'il suit :

a, an, b, d, e, en, f, g, gb, h, i, in, k, kp, l, m, mb, mv, n, nd, ng, ngb, ny, nz, o, on, p, r, s, t, u, un, v, w, y, z.

b) lo sô abûngbi âtënë ndê ndê na yâ tî molongö ôko, töngana tî sô :
kua tî ködörö, watokua tî Halëzo, mokönzi tî biröo tî vôte, t.a.n. Aî
ri ûse marä tî lipa sô atene : *penzelö. Nzöni, e hînga atene : na sä
ngö, *penze* ayeke : ndurü molongö tî yê, wala mbâgë tî yê sô asûru nî
na yongôro nî. Sî *lö* ayeke : gbâ tî tënë. Nî laâ ndâ tî *penzelö* ayeke
taâ bîanî ndurü molongö tî tënë sô töngana lenge na yâ tî kâmba. Na yâ
tî penzelö ôko ôko, mbênî tënë ôko laâ amû li tî penzelö nî. Lo laâ
ayinda âtanga nî kûê na yâ tî penzelö nî. Aîri nî atene : *lipenze. Na
yâ tî âpenzelö sô na ndöbênî sô, *kua, watokua*, na *mokönzi* laâ ayeke
âlipenze nî. Me, na yâ tî : *vuru sembë*, wala *kötî köta-wakuasû*, wala
taâ mbîrîmbîrî gövörömä tî nzönî, âlipenze nî ayeke : *sembë, wakuasû*,
na *gövörömä*. Sô afa atene : lipenze ayeke lâkûê kôzo tënë sô zo ayeke
tîngbi na nî na yâ tî penzelö nî, pëpëe. Ndâ nî laâ, atene : marä tî
penzelö ayeke ndê ndê. Na ndo sô, fadë e bâa gî marä nî ûse : a) lo sô
lipenze nî ayeke mbênî pandôo, töngana tî sô kûê e bâa asî na fadësô,
sî b) lo sô lipenze nî ayeke mbênî palî, töngana tî sô : *lë gbïä, lô-
nzi lö, hînga-ndo*, t.a.n. Fadë atene âmarä tî penzelö ûse sô ayeke :
*penzelö tî pandôo, na *penzelö tî palî.

Na yâ tî bakarî sô, töngana lipa nî ayeke ngengele tënë, fadë mbî
fa mbupa nî mbî tene : *pandôo, palî, pasûndâ, walambasêlî*. Ka töngana
lipa nî ayeke penzelö, fadë mbî fa mbupa nî töngasô : *penzelö tî pa-
ndôo*, wala *penzelö tî palî*. Töngana, mbî yê tî fa na mombênî lipa ndê
sô ayeke nzönî mo gue mo bâa ndo da, fadë mbî sû : *Bâa* : ---, kôzonî
sî mbî dï ïrï tî lipa nî. Ka töngana mbî yê tî fa na mombênî ïrï ndê,
sô ndânî alîngbi lîngbïngö na ndâ tî lipa sô mo yeke dîko sô, me sî
ayeke tî lo na yâ tî bakarî sô pëpëe, fadë mbî sû : *Wala* : ---, kôzonî
sî mbî sû ïrï nî sô. Ngâ, töngana mo bâa : *Ga nî* : ---, kandâa sô tî
tene ndâ tî ïrï sô ayeke gä na pekônî sô, ague taâ na ga tî ndâ tî li-
pa nî. Tönga na sô *löndö* ayeke ga tî *dutï*.

Mbî lônzi âlipa nî na molongö tî lafabëe sô alîngbi ngâ na wüngö
tî âgerêgô tî sängö nî. Töngasô :

a, an, b, d, e, en, f, g, gb, h, i, in, k, kp, l, m, mb, mv, n, nd, ng,
ngb, ny, nz, o, on, p, r, s, t, u, un, v, w, y, z.

A - (AN)

aderêsi   *pandôo*
1. *adresse,*
2. *raison sociale*

B

bâda   *pandôo*
1. *camp d'initiation*
2. *sanctuaire*
    - **Bâda tî Halëzo** : *Assemblée na-tionale, Palais du Peuple, Par-lement.*

bazîngele   *pandôo*
militant.

Bêafrîka   *pandôo*
Centrafrique.
    - **Ködörösêse tî Bêafrîka** : *Répu-blique Centrafricaine.*
    - **tî Bêafrîka** : *centrafricain (adj.)*

bêngö   *pandôo*
1. *nef, axe central d'une embarca-tion*
2. *Le Centre* (Politique)

Bênyämä   *pandôo*
campagne inhabitée.
    Bâa : **nyämä**

Bîngbi-lö   *pandôo*
débat

Bîngbi lö na ndö tî (yê)
                    penzelö tî palî
débattre de (quelque chose)

birä   *pandôo*
guerre
    - **birä tî doroko-ndo** : *guerre coloniale, guerre impérialiste.*
    - **birä tî kamâta-ndo** : *guerre de conquête.*
    - **birä tî lesüä** : *guerre révo-lutionnaire.*
    - **birä tî lipandäa** : *guerre d'indépendance.*
    - **birä tî yâködörö** : *guerre in-testine.*
    - **birä tî zärängö-ndo** : *guerre de libération.*

biröo   *pandôo*
bureau, office, agence
    - **Biröo tî Gîngö Sêndâyê (tî Etäa)** : *Office (national) de la Recherche Scientifique.*
    - **biröo tî vôte** : *bureau de vote.*
    - **Biröo tî Zängbîngö-terê** : *Of-fice de la Sécurité sociale.*

bokasa   *pandôo*
tyran, despote sanguinaire.

boro   *pasûndâ*
juste, raisonnable, sérieux, cor-rect, responsable, valide, fiable.
    - **boro mbëtïvôte.** Bâa : **mbëtïvôte.**

bozö   *pandôo*
poche, enveloppe.
    - **bozö sêngê** : 1. *enveloppe vi-de,* 2. *bulletin blanc.*

bozömbëtï   *pandôo*
enveloppe (en papier).

bûku tî âwavôte   *penzelö tî pandôo*
liste des électeurs, registre.

D

da   *pandôo*
maison, chambre, intérieur.

dagbätä   *pandôo*
mairie, Hôtel de Ville.

dagbïä   *pandôo*
palais du chef, palais royal, palais présidentiel, présidence.

dakötä   *pandôo*
résidence (du chef), palais, siège (d'un organisme).

dakua   *pandôo*
atelier, entreprise.
    Wala : **dakusâra**; Bâa : **izîni**.

dakuasû   *pandôo*
secrétariat.
    Bâa : **Kuasû, sêndâkuasû.**
    - **dakuasû tî Etäa** : *Secrétariat d'état.*
    - **Dakuasû tî Etäa ngbanga tî âPa-ndara na Wërë** : *Secrétariat d'é-tat à la Jeunesse et aux Sports.*
    - **Dakuasû tî Etäa ngbanga tî Gî-ngö Sêndâyê na Kodëkua** : *Secré-tariat d'Etat à la Recherche scientifique et technique.*
    - **Dakuasû tî Etäa ngbanga tî Hï-ngängö-ndo na Kua tî Pendere Yê** : *Secrétariat d'Etat à la Culture et aux Arts.*

Dakpälë   *pandôo*
ministère.

– Dakpälë tî âGbakô, âNgonda, na âNgû : *Ministère des Eaux et forêts.*

– Dakpälë tî âKödörö-wandê : *Ministère des Affaires étrangères.*

– Dakpälë tî âMasûa : *Ministère de la Marine.*

– Dakpälë tî âPandara na Wërë : *Ministère de la Jeunesse et des Sports.*

– Dakpälë tî Bata Ködörö : *Ministère de la Défense nationale.*

– Dakpälë tî Fono : *Ministère du Tourisme.*

– Dakpälë tî Gïngö Sêndâyê na Kodëkua : *Ministère de la Recherche scientifique et technique.*

– Dakpälë tî Hïngängö-ndo na Kua tî Pendere Yê : *Ministère de la Culture et des Arts.*

– Dakpälë tî Könömï : *Ministère de l'Economie.* Bâa : **Dakpälë tî Lëngö Mosoro.**

– Dakpälë tî Kua tî Etäa : *Ministère de la Fonction publique.*

– Dakpälë tî Kusâra na tî Kua tî Etäa : *Ministère du Travail et de la Fonction publique.*

– Dakpälë tî Lëkëngö Bênyämä : *Ministère du Développement rural.*

– Dakpälë tî Lëkëngö Ködörö : *Ministère du Développement.*

– Dakpälë tî Lëkëngö Lêködörö : *Ministère de l'Aménagement du Territoire.*

– Dakpälë tî Lëngö-Mosoro : *Ministère de l'Economie.* Bâa : **Dakpälë tî Könömï.**

– Dakpälë tî Mosoro tî Gbesêse na Ngunuyê : *Ministère des Mines et de l'Energie.*

– Dakpälë tî Nganga na tî Zängbïngö-terê : *Ministère de la Santé et des Affaires sociales.*

– Dakpälë tî Nginza na Sêndâkua : *Ministère des Finances et de la Planification.*

– Dakpälë tî Ngbanga : *Ministère de la Justice.*

– Dakpälë tî Sêndâkua na tî Tângbi Kua na âKödörö-wandê : *Ministère du Plan et de la Coopération internationale.*

– Dakpälë tî Sînga na Tokua : *Ministère des Postes et Télécommunications.*

– Dakpälë tî Yäkä na tî Bätängö Nyama : *Ministère de l'Agriculture et de l'Elevage.*

– Dakpälë tî Yâködörö : *Ministère de l'Intérieur.*

– Dakpälë tî Yöngö-ndo : *Ministère des Transports.*

– Kîi dakpälë: *créer un ministère.*

dalïngö　　　　　　　　*pandôo*
salle de conférence, salle de réunion.

– kêtê dalïngö : *petite salle de réunion, salle de commissions.*

– kötä dalïngö : *grande salle de réunion, salle de l'assemblée plénière, salle de conférence.*

datokua　　　　　　　　*pandôo*
(la) poste.

dë kîte
Bâa : kîte

dîrînga　　　　　　　　*palî*
regresser inexorablement.

doroko　　　　　　　　*palî*
1. dépecer
2. exploiter, opprimer, tyraniser.

doroko-ndo　　　　　　*pandôo*
exploitation impérialiste et/ou coloniale (d'un pays), colonialisme, impérialisme. Bâa : **êrepêfu.**

– finî doroko-ndo : *néo-colonialisme.*

dubêre　　　　　　　　*pandôo*
beurre. Bâa : matenge.

E – (EN)

etäa　　　　　　　　*pandôo*
état
– tî etäa : *étatique, public, national.*

êrepêfu   *pandôo*
colonialisme. Bâa : **doroko-ndo.**

F

fâ   *pandôo*
fois, tour
- **kôzo fânî** : *premier tour.*
- **ûse fânî** : *deuxième tour.*

fayêda   *pandôo*
exemple. Bâa : **pandë, täpandë.**

fa yê da   *penzelö tî palî*
prendre en exemple, prendre (qqch)
pour une démonstration
- **tî fa yê da** : *à titre d'exem-
ple.*

fîngi   *palî*
destituer, renverser.

fungu   *palî*
rebondir.
- **vôte afungu** : *il y a ballota-
ge (na pöpö tî X na Y) (entre X
et Y).*

fungü   *pasûndâ*
1. rebondissant, élastique,
2. rebondissements.
- **fungü vôte** : *ballotage.*

G

gerêgô   *pandôo*
(Sêndâyângâ) phonème.

gerêmbëtï   *pandôo*
(Sêndâyângâ) lettre, caractère,
graphique.

gerêsû   *pandôo*
(Sêndâyângâ) caractère d'imprime-
rie, caractère typographique.

gövörömä   *pandôo*
gouvernement
- **gövöримä tî doroko-ndo** : *un
gouvernement colonialiste, un
gouvernement d'oppression.*
Wala : **g.tî êrepêfu.**

- **gövörömä tî kamâ-ôko** : *un
gouvernement majoritaire (à un
seul parti).*

- **gövörömä tî mbîrîmbîrî** : *un
gouvernement responsable, comme
il faut.*

- **gövörömä tî mbûki** : *un gouver-
nement de coalition.*

- **gövöримä tî turûgu** : *un gou-
vernement militaire.*

- **tângbi gövörömä** : *former un
gouvernement.*

gûrûsu   *pandôo*
1. argent
2. bourse d'étude

GB

gbakama   *palî*
1. être grand et très musclé,
2. être adulte, parvenir à sa pleine
maturité.

gbânzi mäbê na (zo) Bâa : **mäbê.**

gbätä   *pandôo*
ville
- **wawängö tî gbätä** : *conseiller
municipal.*

gbefâ   *pandôo*
1. subdivision, section,
2. circonscription.
- **gbefâ tî vôte** : *circonscrip-
tion électorale.*

- **gbefâ tî lëngö-ködörö** : *cir-
conscription administrative.*

gbegô   *pandôo*
voix

gbegôgbïä   *pandôo*
porte-parole du président, (wala)
du gouvernement. Bâa : **wagbegô.**

gbegündia   *pandôo*
constitution (d'un pays)

gbë lïngö Bâa : **lïngö.**

gbëngö lïngö Bâa : **lïngö.**

gbenyôgbïä   *pandôo*
ministre
- **gbenyôgbïä sân mbätä** : *minis-
tre sans portefeuille.*

- **gbenyôgbïä tî Etäa** : *ministre
d'état.*

- kötï gbenyôgbïä : *ministre délégué.*

- kôzo gbenyôgbïä : *premier ministre.*

gbïä   *pandôo*
1. *chef, leader.*
2. *roi, président, responsable suprême.*
3. *autorités suprêmes, dignitaires.*
4. *pouvoir, autorité suprême.*
   - gbïä tî Etäa : *le chef de l'état.*
   - gbïä tî gövörömä : *le chef du gouvernement.*
   - gbïä tî ködörö : *le chef de la nation, le chef du pays.*
   - gbïä tî ködörösêse : *le président de la république.*
   - gbïä tî nzöbê : *un chef au coeur pur (= honnête, intègre, digne, magnanime, vertueux, etc.)*
   - gbïä tî sïöbê : *un chef au coeur impur (= malhonnête, avide, indigne, rancunier, sordide, cruel, etc.)*
   - gbïä tî sïönî : *un mauvais chef, un chef méchant et cruel, un chef incompétent.*

gbïä-sêwâ   *pandôo*
monarque, roi (en monarchie héréditaire).

gbîan   *palî*
transformer, changer.
Wala : **gbîen.**

H

halë   *pandôo*
lignée, phylum, espèce.

halëzo   *pandôo*
peuple (= lignée humaine)
   - Bâda tî Halëzo Bâa : **bâda.**
   - hûnda halëzo : *en référer au peuple.*
   - watokua tî halëzo Bâa : **watokua**
   - tî halëzo : *du peuple, populaire (= qui appartient au peuple), démocratique.*

hängö lê   *penzelo ti pandôo*
vigilance. Bâa : **kpëngbä lê.**

helô   *pasûndâ*
oblique, incliné.

helôsû   *pandôo*
italique, caractère italique, écriture penchée, cursive.
Wala : **dëngëngö gerêsû.**

honga   *palî*
1. *tuer systématiquement, exterminer.*
2. *oppresser, contraindre.*

hündängö-halëzo   *pandôo*
référendum.

I - (IN)

izîni   *pandôo*
usine. Bâa : **dakua**

K

kabinïi   *pandôo*
cabinet de toilette, WC

kalitëe   *pandôo*
catégorie, style, qualité, sorte.
   - kalitëe tî gerêsû : *style de caractères d'imprimerie, police typographique (imprimerie).*

kamâ   *pandôo*
1. *côté d'une embarcation, bord.*
2. *bastingage*
3. *parti politique.*
   - kamâ ndê ndê (wala : **kamâkôte**) : *multipartisme.*
   - kamâ-ôko (wala : **kamâ koiko**) : *parti unique, monopartisme.*
   - kamâ tî gbïä : *parti au pouvoir, parti gouvernemental.*
   - kamâ tî kîte : *parti d'opposition.*
   - kamâ tî lipandäa : *parti indépendantiste, parti pour l'indépendance.*
   - kamâ tî zärängö-ndo : *mouvement de libération.*

kamâga *pandôo*
babord

kamâ-gale *pandôo*
parti de gauche, la gauche.
Wala : **kamâ tî gale**

kamâkötï *pandôo*
tribord

kamâ-kötï *pandôo*
parti de droite, la droite.
Wala : **kamâ tî kötï**

kamâ-porosö *pandôo*
parti politique. Bâa : **kamâ.**

kâmba (tî kua) *(penzelö tî) pandôo*
titre, rang, grade, échelon (pro-
fessionnels).

kângbi *palî*
1. *partager, diviser, séparer.*
2. *se départager, se séparer, se*
diviser
3. *division, séparation.*
   - **kângbi na ndö tî (yê)** : *être*
   en désaccord sur (quelque cho-
   se).
Ga nî : **mângbi.**

kängbïngö *pandôo*
action de diviser, division, sé-
paration.
   - **kängbïngö kua** : *la division*
   du travail.

kanda-ngûme *pandôo*
(Wala : **kandangûme**)
fromage

kâpä *pandôo*
date.
   - **kâpä tî vôte** : *la date des*
   élections.
   - **fa kâpä tî vôte** : *fixer la*
   date des élections.

kapïta *pandôo*
sous-chef de village, chef de
quartier.

kârâte *pandôo*
carte.
   - **kârâte tî waködörö** : *carte*
   nationale d'identité.
   - **kârâte tî wavôte** : *carte*
   d'électeur.

kasa *palî*
critiquer.

kasä *pandôo*
critique (Littérature, Arts).

käsängö-ndo *pandôo*
critique, fait de critiquer.

kepaka, kepakara, pakara *pandôo*
monsieur.

kîi *palî*
construire.
   - **kîi dakpälë** : *créer un minis-*
   tère.

kîte *pandôo*
doute, contestation, défi.
   - **dë kîte na (zo)** : *contester,*
   défier (quelqu'un).
   - **dë kîte tî (yê)** : *contester*
   (quelque chose), soutenir le
   contraire de (quelque chose),
   ne pas croire à (qqch).
   - **kamâ tî kîte** : *parti d'oppo-*
   sition.

kôbe tî pendângûme *penzelö tî pandôo*
produits laitiers, sous-produits
du lait.

köbö *pasûndâ*
indépendant, solitaire.
   - **köbö molongö** : *liste indépen-*
   dante (= liste des candidats
   indépendants).
   - **köbö ndo** : *isoloir*
   - **köbö wamandako** : *candidat*
   indépendant.

ködörö *pandôo*
1. *lieu habité par l'homme (= vil-*
le, village, hameau, patelin, chez-
soi).
2. *territoire intégrant la bios-*
phère d'un lieu habitée (= campa-
gne, région, pays).
3. *tout territoire organisé étati-*
quement, pays, nation, état.
4. *territoire habitable.*
   - **finî ndepandäa ködörö** : *pays*
   nouvellement indépendant.
   - **ködörö tî kötä mosoro** : *pays*
   très riche, pays développé,
   pays industriel.

- **ködörö tî mosoro** : *pays riche.*

- **ködörö tî pâsi ti mosoro** : *pays pauvre, pays sous-développé.*

- **ködörö tî yere** : *pays pauvre, pays de misère.*

- **ndepandäa ködörö** : *pays indépendant.*

- **ngangü ködörö** : *pays fort, puissance.*

- **wököngö ködörö** : *pays faible.* Wala : **wowôo ködörö.**

- **wowôo ködörö** Bâa : **wököngö ködörö**

- **zarä ködörö** : *pays libre.*

ködörö-gbïä *pandôo*
royaume

ködörö-îtä *pandôo*
pays frère.

ködörö-mbûki *pandôo*
pays allié.

ködörö-ngbâa *pandôo*
colonie (d'exploitation)
- **finî ködörö-ngbâa** : *néo-colonie.*

ködörö-sambâ *pandôo*
pays rival.

ködörösêse *pandôo*
république.
- **Ködörösêse tî Bêafrîka** : *République Centrafricaine.*

- **Ködörösêse tî Halëzo tî X...** : *République populaire de X...*

- **Ködörösêse tî lesüä tî X...** : *République révolutionnaire de X...*

ködörö-söngö *pandôo*
pays ami.

ködörö-tögbïä *pandôo*
empire.

ködörö-va *pandôo*
pays vassal, protectorat

ködörö-wada *pandôo*
pays à autonomie interne, pays autonome.

ködörö-wandê *pandôo*
pays étranger.

ködörö-wato *pandôo*
pays ennemi.

komânde *palî/pandôo*
1. commander (quelque chose), ordonner, exiger, faire une commande.
2. commande.
3. ordonnance.

komandêe *palî*
commander, prendre le commandement de.

Kömändëmä *pandôo*
commandement, pouvoir, juridiction, autorité.
- **kömändëmä tî yâködörö** : *administration publique (= appareil administratif).*
Bâa : **lëngö-ködörö.**

- **âkömändëmä** : *les autorités.*

- **âkömändëmä tî yâ ködörö** : *les autorités administratives locales.*

könömï *pandôo*
1. économie.
2. épargne, avarice.
- **dakpälë tî könömï** Bâa : **dakpälë.**

kônde *pandôo*
compte, décompte, vérification.

kondêe *palî*
surveiller, contrôler, poursuivre (judiciairement)

kötä-ködörö *pandôo*
capitale, chef-lieu. Bâa : **tögbätä.**

kötä-wakuasû *pandôo*
secrétaire général. Bâa : **wakuasû.**
- **kötä-wakuasû tî dagbïä** : *secrétaire général de la présidence.*

- **kötä-wakuasû tî gövörömä** : *secrétaire général du gouvernement.*

- **kötï kötä-wakuasû** : *secrétaire général adjoint.*

kötä-wayindä *pandôo*
directeur général. Bâa : **wayindä**.

kötä-yindä *pandôo*
direction générale.

kua *pandôo*
1. *travail, profession, activité, occupation.*
2. *service, rôle, fonction, devoir.* Wala : **kusâra**.
- **kua tî ködörö** : *le devoir national, les affaires du pays, le service du pays, le service civique.*

- **kua tî manda** : *exercice, leçon d'entraînement.*

- **kusâra tî wanî** (wala : **kua tî wanî**) : *profession du titulaire.*

- **kusâra (tî zo) tî waködörö** : *le devoir de citoyen (de quelqu'un).*

kuasînga *pandôo*
émission, programme (Radio-Télévision).

kuasû *pandôo*
secrétariat (Professions).
Bâa : **dakuasû, sêndâkuasû**.

kuba *pandôo*
annexe

kudû *pandôo*
cabinet, chambre particulière.
- **kubû tî gbenyôgbïä** : *le cabinet du ministre.*
- **kubû tî kua** : *cabinet de travail.*
- **kubû tî wakuasû tî Etäa** : *le cabinet du secrétaire d'état.*

kuni *palî*
fixer
- **kuni bê** : *décider (de faire quelque chose), prendre la résolution de.*

kuni-bê *pandôo*
résolution, décision.

kundü *pandôo*
un *total, une totalité, une somme.*
- **kundü tî âgbegô** : *le total des voix.*

kurukpälë *pandôo*
ordre du jour.

kusâra *pandôo*
travail. Bâa : **kua**

KP

kpäkë *pasûndâ*
1. *qui n'est point arrivé à maturité, dégénéré, atrophié.*
2. (Fotöo) *négatif.*
3. *arrêté dans un processus.*
- **kpäkë mbëtïvôte** : *bulletin nul.* Bâa : **mbëtïvôte**.

kpäkpä *pandôo*
digue

kpälë *pandôo*
fait, événement, affaire, propos, questions, domaine, département, problème.
- **kpälë tî ködörö** : *les affaires de la nation, une affaire nationale.*

kpëngbä lê *penzelö tî pandôo*
vigilance. Bâa : **hängö lê**.

kpongbo *pandôo*
planche, tableau, table.
- **kpongbo tî âgerêgô** : *tableau des phonèmes.*

L

labânge *pandôo*
banque

lakata *palî*
envahir

lamêre *pandôo*
maire. Bâa : **mokönzi-gbätä**.

lë *palî*
exercer, pratiquer, gérer.
- **lë gbïä** : *exercer le pouvoir, gouverner.*

- **lë ködörö** : *administrer un pays.*

- **lë kua** : *exercer une activité, travailler, s'occuper.*

- **lë mosoro** : *gérer des fonds, gérer des biens.*

- **lë nginza** : *gérer des fonds.*

- **lë ngûkua** : *exercer un mandat.*

- **lë wërë** : *pratiquer un sport, un jeu.*

lëngö-gbïä   *pandôo*
l'exercice du pouvoir.

lëngö-ködörö   *pandôo*
administration publique.

lëngö-kua   *pandôo*
l'exercice d'un métier.

lëngö-mosoro   *pandôo*
gestion économique.

lëngö-nginza   *pandôo*
gestion financière.

lëngö-ngûkua   *pandôo*
le fait d'exercer un mandat, exercice d'un mandat.

lëngö-wërë   *pandôo*
sport, jeu, pratique d'un sport, d'un jeu.

lëngö-yê   *pandôo*
pratique ou exercice d'une activité ou d'un pouvoir.

lesua   *pandôo*
se révolter, se soulever, engager une révolution.

lesüä   *pasûndâ*
1. *révolution.*
2. *révolutionnaire.*
   - **ködörösêse tî lesüä** wala **lesüä ködörösêse** : *république révolutionnaire.*
   - **tî lesüä** : *révolutionnaire.*

lï mandako : Bâa : **mandako.**

linô   *pandôo*
genre (Grammaire).
- **linô tî kötï** : *genre masculin.*
- **linô tî gatï** : *genre féminin.*

lindo   *pandôo*
adresse (postale, domicile).

lingangü   *pandôo*
1. *entêtement, désobéissance.*
2. *désobéissance civile, grève, révolte.* Bâa : **lesüä.**

- **gue tambûla tî lingangü** : *manifester par une marche.*

- **lingangü tî këngö-kua** : *grève (par arrêt de travail).*

- **lingangü tî kîro-kua** : *grève du zèle.*

- **lingangü tî nzara** : *grève de la faim.*

- **sâra lingangü** : *1. s'entêter, 2. faire la grève, 3. manifester.*

- **tambûla tî lingangü** : *marche de manifestation, manifestation.*

lïngö   *pandôo*
réunion, assemblée, session parlementaire, conseil.
- **gbë lïngö** : *tenir une réunion une session, tenir conseil.*
- **gbëngö-lïngö** : *la tenue d'une réunion, d'un conseil.*
- **kêtê lïngö** : *conseil restreint, réunion de commission.*
- **kötä lïngö** : *assemblée générale, réunion plénière, session plénière.*
- **lïngö tî gbätä** : *conseil municipal.*
- **mîtâ lïngö** : *conseil à huis clos, réunion secrète.*

lipa   *pandôo*
entrée, mot-vedette, vedette (Lexicographie).

lipandäa   *pandôo*
indépendance.
- **birä tî lipandäa** Bâa : **birä.**
- **lipandäa mobimba** : *indépendance totale.*
- **kamâ tî liândäa** Bâa : **kamâ.**

lipe   *palî*
marquer une pause, se calmer, se reposer, tomber (vent).

lipë   *pandôo*
accalmie, pause, repos

lipenze   *pandôo*
élément régisseur, tête de locution.

lisoro *pandôo*
causerie, entretien, discours.

lôngbi lö *penzelö tî palî*
parler abondamment; prononcer un
discours, discourir.

lôngbi-lö *pandôo*
discours.

lônzi *palî*
1. ranger, aligner, classer.
2. redresser, corriger, amender.

lônzi-lö *pandôo*
1. correction, corrigé.
2. censure.

lönzïngö-yê *pandôo*
1. rangement, classement, mise en
ordre.
2. correction, amendement.

M

mäbê *pandôo*
1. foi, croyance.
2. confiance totale.
   - gbânzi mäbê na (zo) : refuser
   sa confiance à (quelqu'un), ne
   pas faire confiance à quelqu'un.

mä bê na (zo) *penzelö tî palî*
avoir foi, avoir confiance en
(quelqu'un).

mâi *palî*
se développer, grandir, croître.

mäïngö *pandôo*
croissance, développement.

makûu ! *pandôo*
silence ! Bâa : sîrîrî.

mandako *pandôo*
compétition, concurrence.
   - lï mandako : entrer en compé-
   tition, entrer en lisse.
   - mandako tî vôte : campagne
   électorale.

mângbi *1. pandôo 2. palî*
1. accord.
2. s'entendre (avec quelqu'un).
   - mângbi na ndö tî yê : s'enten-
   dre sur quelque chose, tomber
   d'accord sur qqch.

mangbökö *pandôo*
paquebot, cargot.

maräbongö *pandôo*
uniforme (nom)

marädutï *pandôo*
1. type, modèle de société.
2. projet de société.

masïka *pandôo*
jeune fille, demoiselle, mademoi-
selle.

matenge *pandôo*
beurre. Bâa : dubêre.

mêzä *pandôo*
table, bureau (= lemeuble), pupi-
tre.
   - mêzä tî âwasango : le bureau
   de la presse (à l'Assemblée
   nationale).
   - mêzä tî gövörömä : le bureau
   du représentant du gouvernement.
   - mêzä tî kuasû : le bureau du
   secrétariat (= meuble réservé
   au secrétaire).
   - mêzä tî mokönzi tî Bâda : le
   bureau du président de l'Assem-
   blée (dans la salle).
   - mêzä tî vôte : le bureau des
   votes (dans la salle de l'As-
   semblée).
   - mêzä tî watënë : le pupitre
   de l'orateur.

mobimba *pasûndâ*
entier, total, complet, global.

modô *pandôo*
jeune homme célibataire.

mokönzi *pandôo*
chef, responsable. Bâa : gbïä, sê-
fu.
   - mokönzi tî Bâda tî Halëzo :
   président de l'Assemblée natio-
   nale.
   - mokönzi tî biröo tî vôte :
   président du bureau de vote.
   - mokönzi tî gbefâ : chef de
   circonscription.
   - mokönzi tî ködörö : chef de
   village, chef de quartier.
   Bâa : kapïta.

mokönzi-gbätä   *pandôo*
> maire. Bâa : **lamêre.**

molongö   *pandôo*
1. *rang, rangée, ligne.*
2. *liste.*
   - köbö molongö : *liste indépendante.*

   - molongö tî âwamandako : *liste des candidats.*

   - molongö tî kamâ : *liste (des candidats) des partis, liste de parti.*

mosoro   *pandôo*
1. *richesse, trésor, biens.*
2. *économie, valeurs.*
   - kukûu mosoro : *matières premières, valeurs brutes.*

   - pâsi tî mosoro : *carence de richesse, sous-développement.*

MB

mba   *palî*
> *orienter, conduire, régir.*

mbängö-ködörö   *pandôo*
> *le fait de donner une orientation à la politique d'un pays, la conduite d'un pays par un chef d'Etat.*

mbasêlî   *pandôo*
> *adverbe.*

mbätä   *pandôo*
1. *siège (meuble).*
2. *poste budgétaire, poste d'emploi.*
3. *portefeuille ministériel.*
4. *siège électoral.*
   - mbätä tî gbïä : *les fonctions de chef.*

   - mbätä tî wabâda : *le siège parlementaire, siège électoral.*

mbëlä   *pandôo*
> *décret, ordonnance, arrêté.*

mbëtïkâpä   *pandôo*
> *calendrier.*

mbëtïsango   *pandôo*
> *journal, presse écrite.*

mbëtïvôte   *pandôo*
> *bulletin de vote.*

- boro mbëtïvôte : *bulletin valide, suffrages exprimés.*

- kpäkë mbëtï vôte : *bulletin nul.*

- pôsâ mbëtïvôte : *bulletin blanc.*

(MV) – (N) – ND

ndepandäa ködörö   *penzelö tî pandôo*
> *pays indépendant.* Bâa : **köbö.**

ndia   *pandôo*
> *loi.* Wala : **ndiâ**

ndiayângâ   *pandôo*
> *grammaire.*

NG

ngangü   *pasûndâ*
1. *fort, puissant.*
2. *force, puissance, pouvoir.*
   - ngangü ködörö : *pays fort, puissance.*

   - ngangü ködörö-wandê : *une puissance étrangère.*

   - ngangü tî fängö-ngbanga : *pouvoir judiciaire.*

   - ngangü tî lëngö-gbïä : *pouvoir exécutif.*

   - ngangü tî lüngö-ndia : *pouvoir législatif.*

ngoi   *pandôo*
> *temps, époque, saison.*
   - ngoi tî vôte : *la période des élections.*

   - ngoi tî vötëngö-gbïä : *la période des élections présidentielles.*

ngû   *pandôo*
1. *eau.*
2. *saison des pluies.*
3. *année.*
4. *âge.*
   - ngû tî wanî : *âge (sur un formulaire).*

ngûbâda   *pandôo*
> *année parlementaire.*

ngûkua *pandôo*
mandat (= durée d'une fonction), exercice (d'un mandat).
- sâra ngûkua : exercer un mandat.

ngûme *pandôo*
lait. Wala : ngû tî me.

ngunu *pandôo*
1. force physique.
2. énergie.
- ngunu tî kuräan (Wala : ngunu-kuräan) : énergie électrique.

- ngunu tî lâ (Wala : ngunulâ) : énergie solaire.

- ngunu tî masïni (Wala : ngunu-masïni) : énergie mécanique.

- ngunu tî mbö (Wala : ngunu-mbö) : énergie gazogénique.

- ngunu tî ngû (Wala : ngunu-ngû) : énergie hydraulique.

- ngunu tî wâ (Wala : ngunuwâ) : énergie calorifique.

ngunukuräan *pandôo*
énergie électrique. Bâa : ngunu.

ngunulâ *pandôo*
énergie solaire. Bâa : ngunu.

ngunu-masïni *pandôo*
énergie mécanique. Bâa : ngunu.

ngunumî *pandôo*
énergie chimique.

ngunumbö *pandôo*
énergie gazogénique. Bâa : ngunu.

ngunungû *pandôo*
énergie hydraulique. Bâa : ngunu.

ngunuterê *pandôo*
énergie physique.

ngunuwâ *pandôo*
énergie calorifique. Bâa : ngunu.

ngunuyê *pandôo*
énergie (en général).

NGB

ngbökua *pandôo*
commission (de travail).

- ngbökua tî bätängö-zo na fängö-mbëtï : Commission pour l'éducation et l'enseignement, commission de l'éducation nationale.

- ngbökua tî dutï tî âpandara : Commission de la condition des jeunes.

- ngbökua tî dutï tî âwâlï : Commission de la condition féminine.

- ngbökua tî könömï : Commission de l'économie, commission économique.

- ngbökua tî kusâra : Commission du travail, commission pour l'emploi.

- ngbökua tî nginza : Commission des finances, commission financière.

- ngbökua tî ngunuyê na mosoro tî gbesêse : Commission de l'énergie et des mines.

NY

nyämä *pandôo*
campagne inhabitée. Bâa : bênyämä.

nyötûngu *pandôo*
port, débarcadère, embarcadère.

NZ

nzelipë *pandôo*
1. mois de repos, mois de vacances.
2. repos, vacances d'un mois.
Bâa : lipë.
- nzelipë tî Bâda : vacances parlementaires.

- nzelipë tî kua : vacances annuelles des travailleurs.

- nzelipë tî likôlo : vacances scolaires, grandes vacances.

(O) - P

pakara *pandôo*
monsieur. Bâa : kepaka.

palî *pandôo*
verbe.

pandara   *pandôo*
jeune, jeune fille, jeune homme.
(Tî sêwüngö nî : *jeunes gens*).

pandë   *pandôo*
exemple, modèle, type, prototype.
Bâa : **fayêda, täpandë.**
  - **töngana pandë nî** : *comme exem-
  ple, comme modèle, à titre d'e-
  xemple.*

pandôo   *pandôo*
1. *surnom, appellation.*
2. (Ndiayângâ) *nom* (Grammaire)

pandôo-gatï   *pandôo*
nom féminin (Grammaire).
  - **penzelö tî pandôo-gatï** : *locu-
  tion nominale au féminin.*

pandôo-kötï   *pandôo*
nom masculin (Grammaire).
  - **penzelö tî pandôo-kötï** : *locu-
  tion nominale au masculin.*

papa tî vôte Bâa : **vote.** .

pasûndâ   *pandôo*
*adjectif qualificatif, qualifica-
tif, qualifiant, épithète.*

pendâgô   *pandôo*
voyelle.
  - **pendâgô tî sêhôn** : *voyelle
  nasale.*
  - **pendâgô tî sêyângâ** : *voyelle
  orale.*

pendâmbö   *pandôo*
consonne.

pendâ tî vôte   *penzelö tî pandôo*
Bâa : **vôte.**

penzegô   *pandôo*
intonation, intonème.
  - **kêtê penzegô** (Asû nî : ?) :
  intonème aigu (noté : ?)
  - **kötä penzegô** (sô asû nî : o!) :
  intonème grave (noté : o!).
  - **mëngö penzegô** (sô asû nî :
  o!?) : *intonème montant (noté :
  o!?).*
  - **züngö penzegô** (sô asû nî :
  ?!) : *intonème descendant (noté :
  ?!).*

penzelö   *pandôo*
locution, expression.
  - **penzelö tî palî** : *locution
  verbale, expression verbale.*
  - **penzelö tî pandôo** : *locution
  nominale, expression nominale.*

pia   1. *pasûndâ,* 2. *palî*
1. *précoce, préalable, placé en
priorité.*
2. *apparaître en premier, arriver
plus tôt que prévu, avant son heu-
re; court-circuiter, prendre un
raccourci.*

pialö   *pandôo*
projet, avant-projet. Bâa : **sêndâ-
kua.**
  - **pialö tî ndia** : *projet de loi.*
  - **pialö tî kua** : *avant-projet
  d'une réalisation.* (Wala : **pia-
  lökua**).

pialökua   *pandôo*
Bâa : **pialö.**

piapa   *pandôo*
motion, question préalable.
  - **piapa tî kodë** : *motion de
  procédure.*
  - **piapa tî lônzi-lö** : *motion de
  censure.*
  - **piapa tî mäbê** : *question de
  confiance.*
  - **piapa tî sango** : *motion d'in-
  formation.*

porosö   *pandôo*
1. *complot, subversion.*
2. *groupe de comploteurs, groupe
subversif.*
3. (1979) *parti politique.* Bâa :
kamâ.

pôsâ   *pasûndâ*
vide.
  - **pôsâ bozömbëtï** : *enveloppe
  vide.*
  - **pôsâ gbegô** : *bulletin blanc,
  abstention.*
  - **pôsâ mbëtïvôte** : *bulletin
  blanc.* Bâa : **mbëtïvôte.**

(R) - S

sandûku tî vôte   *penzelö tî pandôo*
    urne

sango   *pandôo*
    nouvelle, information.

sängö   *pandôo*
    le sango, la langue sango.

sanzêe   *palî*
    changer, échanger, modifier.

sänzëmä   *pandôo*
    *changement, modification, amende-
    ment.*

sânzîrî   *pandôo*
    sentinelle, gardien, appariteur.

sarawîsi   *pandôo*
    service (Administration, carrière).
        - **sarawîsi tî gûrûsu** : *le servi-
        ce des bourses.*

sêfu   *pandôo*
    chef. Bâa : **mokönzi, gbïä.**
        - **sêfu tî kubû** : *chef de cabi-
        net.*
        - **sêfu tî sarawîsi** : *chef de
        service.*

sêgô   *pandôo*
    ton, tonème.
        - **fö sêgô** : *ton moyen,*
        - **kêtê sêgô** : *ton haut.*
        - **kötä sêgô** : *ton bas.*
        - **mëngö sêgô** : *ton montant.*
        - **ngambe züngö sêgô** : *ton des-
        cendant haut-moyen.*
        - **züngö sêgô** : *ton descendant
        haut-bas.*

sêgbïä   *pandôo*
    régime politique.
        - **sêgbïä tî halëzo** : *démocratie,
        démocratie populaire.*
        - **sêgbïä tî sêwâ** : *monarchie hé-
        réditaire.*
        - **sêgbïä tî yâda** : *autonomie in-
        terne.*

sêkûne   *pandôo*
    singulier (Grammaire). Bâa : **sêwü-
    ngö-yê.**

sêmîngi   *pandôo*
    pluriel (Grammaire). Bâa : **sêwü-
    ngö-yê.**

sêndâkua   *pandôo*
    *programme de travail, plan, plani-
    fication.*

sêndâkuasû   *pandôo*
    *secrétariat (= discipline scolai-
    re).* Bâa : **kuasû, dakuasû.**

sêndâyângâ   *pandôo*
    linguistique.

sêndiayângâ   *pandôo*
    grammaticalité. Bâa : **ndiayângâ.**

sêse   *pandôo*
    *terre, territoire, circonscrip-
    tion.* Bâa : **gbefâ, ködörö.**
        - **sêse tî kandôo** : *canton.*
        - **sêse tî kapïta** : *circonscrip-
        tion administrative dirigée par
        un sous-chef de village, ou un
        chef de quartier (quand le
        quartier est inférieur au vil-
        lage).*
        - **sêse tî kömändâ-kêtê** : *sous-
        préfecture.*
        - **sêse tî kömändâ-kötä** : *pré-
        fecture.*
        - **sêse tî mokönzi** : *circons-
        cription administrative sous
        l'autorité d'un chef de villa-
        ge.*

sêwâ   *pandôo*
    *foyer familial, famille restrein-
    te.*

sêyâgbê   *pandôo*
    *structure, organigramme, composi-
    tion interne.*
        - **sêyêgbê tî dakpälë** : *organi-
        gramme d'un ministère.*

sû   *1. palî, 2. pandôo*
    1. écrire, inscrire.
    2. écrit.
        - **sû îrï tî (zo)** : *écrire le
        nom de (quelqu'un), inscrire
        (quelqu'un).*
        - **ndurü sû** : *abréviation (écri-
        te).*
        - **na ndurü sû** : *en abrégé (dans
        l'écrit).*

sûngbi *palî*
(se) *diviser en diverses parties,*
(se) *subdiviser.*

surä *pandôo*
1. *lambeau, parcelle.*
2. *paragraphe.*
3. *article (de loi).*
4. *verset.*

T

tambûla tî lingangü Bâa : lingangü.

tângbi *palî*
joindre les deux bouts de qqch.
joindre les parties d'un tout,
assembler, monter (qqch).
- **tângbi gövörömä** : *former un*
gouvernement.
- **tângbi kua na zo** : *collaborer,*
coopérer avec quelqu'un.

tängbïngö-kua *pandôo*
coopération.
- **tängbïngö-kua na âködörö-wa-**
ndê : *la coopération avec les*
pays étrangers.
- **tängbïngö-kua tî pöpö-ködörö** :
la coopération internationale.

tögbätä *pandôo*
capitale, chef-lieu.
Wala : **kötä-ködörö.**

tögbïä *pandôo*
1. *chef suprême.*
2. *empereur.*

tondo *palî*
1. *rapporter, raconter fidèlement.*
2. *dresser un procès-verbal, rédi-*
ger un compte-rendu.

töndö *pandôo*
rapport, procès-verbal, compte-ren-
du.
- **töndö tî biröo tî vôte** : *pro-*
cès-verbal d'un bureau de vote.
- **töndö tî kua** : *rapport d'ac-*
tivité.

tonga *pandôo*
1. *stylet.*
2. *point d'exclammation.* (Wala :
perche). Na sängö, tonga ayeke gï
tî fa züngö penzegô. Me na farâ-

nzi, tonga nî, sô aîri nî ate-
ne : "point d'exclammation" sô,
ayeke gï tî fa atene : li tî wa-
tënëngö-tënë nî ahuru. Asû nî :
!, wala : o!.

tonga-yangö *pandôo*
perche-et-crosse, intonème montant
(Grammaire). Asû nî : o!?.

U − (UN) − V

ûse fânî : Bâa : fâ.

vôte *pandôo*
vote, élections, scrutin, consul-
tations électorales :
- **fungü vôte** : *ballotage.* Bâa :
fungu.
- **kâpä tî vôte** : *la date des é-*
lections.
- **lâ tî vôte** : *le jour du vote.*
- **papa tî vôte** : *polémique é-*
lectorale.
- **pendâ tî vôte** (Wala : **pendâ-**
vôte) : *résultat des élections,*
suites, conséquence ou influen-
ce des élections.
- **vôte tî kamâ** : *vote bloqué,*
de parti, non-individuel, vote
collectif.
- **vôte tî li na li** : *scrutin*
uninominal.
- **vôte tî molongö** : *scrutin de*
liste.
- **vôte tî zo ôko ôko** : *vote in-*
dividuel.

votëe *palî*
voter, élire.

vötëngö-zo *pandôo*
l'élection de quelqu'un.
- **vötëngö gbïä tî ködörö** : *l'é-*
lection du président de la ré-
publique, les élections prési-
dentielles.
- **vötëngö mokönzi-gbätä** : *élec-*
tion des maires, les élections
municipales.
- **vötëngö wabâda** : *élection des*
députés, les élections législa-
tives.

- **vötëngö wawängö tî gbätä** : é-
lection des conseillers munici-
paux, les élections municipales.

vula *palî*
découvrir, dévoiler, révéler, ren-
dre public, publier (par révéla-
tion).

vulä *pandôo*
découverte, mise à nu, exposition.

vulanga *palî*
dévoiler systématiquement, révéler
périodiquement, découvrir méthodi-
quement; développer, exposer métho-
diquement.

vülängö pendâ tî vôte
penzelö tî palî
proclamation des résultats des é-
lections.

vunga *palî*
diffuser systématiquement, publier
(par diffusion rapide).

W

wabâda *pandôo*
député, parlementaire, membre du
parlement. Bâa : **watokua tî halëzo**.

wabêafrîka *pandôo*
centrafricain (nom).

wabêngö *pandôo*
homme politique du centre, cen-
triste. Bâa : **wakamâ**.

wabiröo *pandôo*
membre d'un bureau.
- **wabiröo tî vôte** : membre d'un
bureau de vote, le personnel.

wadakpälë *pandôo*
ministre chargé d'un département
ministériel. Ga nî : **gbenyôgbïä sân
mbätä**. Bâa : **gbenyôgbïä**.

wadîköngö-tënë *pandôo*
orateur, harangueur.
Bâa : **watënë**, **watënëngö-tënë**.

wadoroko-ndo *pandôo*
exploiteur colonialiste et/ou im-
périaliste (= celui qui exploite un
pays autre que le sien).

wafängö-ngbanga *pandôo*
juge

wagale *pandôo*
un gaucher, une gauchère. Bâa : **wa-
kamâ**.

wagbätä *pandôo*
citadin.

wagbegô *pandôo*
porte-parole. Bâa : **gbegôgbïä**.
- **wagbegô tî Dagbïä** : le porte-
parole de la Présidence.

- **wagbegô tî Gövörömä** : le por-
te-parole du Gouvernement.

wagbesû *pandôo*
inscrit (nom).

wagbügbürüngö-vôte *pandôo*
les candidats aux élections, les
partis qui se disputent les voix.
Bâa : **wamadako**.

wakamâ *pandôo*
1. adhérent, partisan, membre d'un
parti politique.
2. représentant d'un parti.
3. homme politique.
Wala : **wakamâ-porosö**.
- **wakamâ-bêngö**, wala **wabêngö**,
wala **wakamê tî bêngö** : homme
politique du centre, un cen-
triste.

- **wakamâ-gale**, wala **wakamâ tî
gale** : homme politique de gau-
che.

- **wakamâ-kötï**, wala **wakamâ tî
kötï** : homme politique de droi-
te.

wakamâ-bêngö *pandôo*
Bâa : **wakamâ**.

wakamâ-gale *pandôo*
Bâa : **wakamâ**.

wakamâ-kötï *pandôo*
Bâa : **wakamâ**.

wakamâ-porosö *pandôo*
Bâa : **wakamâ**.

wakîte *pandôo*
un contestataire, un opposant.
Bâa : **walingangu**.

waködörö *pandôo*
citoyen, membre d'une communauté locale, régionale ou nationale, un national, gens du pays.
Wala : **zo tî ködörö**.
- **waködörö tî X...** : *Nationalité...* (Na lê tî âmbênî mbëtï).
- **Waködörö tî Bêafrîka** : *Nationalité centrafricaine.*

wakônde *pandôo*
contrôleur, comptabilisateur, comptable.

wakötï *pandôo*
un droitier, une droitière.
Bâa : **wakamâ**.

wakuasû *pandôo*
secrétaire. Bâa : **kötä-wakuasû**.
- **kötï wakuasû** : *secrétaire adjoint.*
- **kôzo wakuasû** : *premier secrétaire.*
- **wakuasû tî Etäa** : *secrétaire d'état.*

walëngö-ködörö *pandôo*
administrateur public.

walesüä *pandôo*
un révolutionnaire. Bâa : **lesüä**.

walingangü *pandôo*
un contestataire, un manifestant.
Bâa : **wakîte**.

wamakoröo *pandôo*
comploteur, fauteur de troubles.
Wala : **zo tî makoröo**. Bâa : **waporosö**.

wamandako *pandôo*
concurrent, candidat.
- **köbö wamandako** : *candidat indépendant.*
- **wamandako tî kamâ-porosö** : *candidat d'un parti politique.*

wandê *pandôo*
étranger, étrangère (nom).
- **tî wandê** : *étranger, étrangère* (adj.).

wängö *pandôo*
conseil, recommandation.

wanzöbê *pandôo*
1. honnête homme, au coeur pur, digne intègre, vertueux et magnanime.
2. un homme réaliste mais qui agit par idéal et non par intérêts sordides.
- **wanzöbê tî yâa ködörö na ndüzü** : *volontaires du progrès.*

wapëtëngö-mbëtï *pandôo*
imprimeur.

waporosö *pandôo*
comploteur, fauteur de troubles.
Bâa : **wamakoröo**. Wala : **zo tî porosô**.

wasandûku *pandôo*
1. caissier.
2. responsable de la caisse.
3. responsable de l'urne.
(Mîngi nî, wasandûku ayeke ngâ mokönzi tî biröo tî vôte : Très souvent, le responsable de l'urne est aussi le président du bureau des votes).

wasango *pandôo*
journaliste.

wasärängö-mbëtï *pandôo*
auteur (d'un écrit), écrivain.
Wala : **wasüngö-mbëtï**.

wasêndâkua *pandôo*
programmateur, planificateur.

wasêndândia *pandôo*
homme de loi, spécialiste en droit.

wasêndâyângâ *pandôo*
linguiste.

wasüngö-mbëtï : Bâa : **wasärängö-mbëtï**.

watângbi-kua *pandôo*
coopérant.

watambûla *pandôo*
1. marcheur, piéton.
2. voyageur, passager.
- **watambûla tî lingangü** : *manifestant (dans une marche de protestation).*

watënë   *pandôo*
celui qui a la parole, orateur (dans un débat). Bâa : **wadïköngö-tënë, watënëngö-tënë.**

watënëngö-tënë   *pandôo*
locuteur, celui qui parle, orateur. Bâa : **watënë, wadïköngö-tënë.**

watokua   *pandôo*
commissionnaire, émissaire, envoyé.
- **watokua tî halëzo** : *député, membre, du parlement.* Bâa : **wabâda.**

- **Pakara X... (WH)** : *Monsieur X... (membre du parlement).*

watöndö   *pandôo*
rapporteur (dans une réunion).

wavôte   *pandôo*
électeur, électeur potentiel. Bâa : **wavötëngö-nî.**

wavötëngö-nî   *pandôo*
électeur, votant.
- **âwavötëngö-ë** : *nos électeurs (= ceux qui ont effectivement voté pour nous).*

- **âwavôte tî ë** : *nos électeurs potentiels (= ceux que nous encourageons à voter pour nous).*

wawängö   *pandôo*
conseiller
- **wawängö tî gbätä** : *conseiller municipal.*

- **wawängö tî kodëkua** : *conseiller technique.*

wawësë   *pandôo*
observateur (= auteur de remarques). Bâa : **wawësëngö-ndo.**

wawësëngö-ndo   *pandôo*
observateur, vigile, surveillant, badaud, figurant. Bâa : **wawësë.**

wawësëngö-yê   *pandôo*
observateur, témoin (de qqch.), qui est attentif à quelque chose.

wawûsûwusu   *pandôo*
fauteur de troubles. Bâa : **waporosö, wamakoröo.**

wayindä   *pandôo*
directeur, dirigeant.
Bâa : **kötä-wayindä.**
- **kötï wayindä** : *directeur adjoint.*

wërë   *pandôo*
sport, jeu.

wese   *palî*
regarder attentivement, examiner, observer, surveiller des yeux.

wësë   *pandôo*
observation, remarque, annotation.

wësëngö-ndo   *pandôo*
observation, contemplation, surveillance (en général).

wësëngö-yê   *pandôo*
observation (de qqch), surveillance (de quelque chose), examen attentif (de qqch).

wowôo ködörö : Bâa : **ködörö.**

wûsûwusu   *pandôo*
troubles, désordre.

Y

ya   *pandôo*
épouse (de), madame.
Wala : **yakepaka, yapakara.**
- **Ya X... (Yakepaka X..., Yapakara X...)** : *Madame X...* 'quand X est le nom du mari).
Bâa : **Yazo.**

yangö   *pandôo*
1. *crochet, hameçon.*
2. *point d'interrogation, crosse.*
Na sängö, yangö ayeke tî fa atene penzegô tî watënëngö-tënë nî alö na ndö tî kêtê gô. Tî sängö, sô lâkûê gï ndâli tî hûndängö-ndo pëpëe, me na farânzi, ayeke gï ndâli tî hûndängö-ndo. Nî laâ aîri-nî "point d'interrogation" sô. Asû nî : ?.

yangö-tonga   *pandôo*
crosse-et-perche, intonème descendant. (grammaire). Asû nî : ?!.

yazo   *pandôo*
madame, mademoiselle (lorsque ce mot désigne une femme et non une jeune fille). Bâa : **masǐka**.
- yazo X..., **wala** : X..., yazo : madame X. mademoiselle X. (quand X est le nom de la femme elle-même, ou présumé tel).

yinda   *palî*
diriger, faire marcher.

yindä   *pandôo*
traction, direction (dans un organisme). Bâa : **kötä-yindä**.

yǐndängö-ködörö   *pandôo*
le fait pour un gouvernement de diriger le pays; la politique du gouvernement. Bâa : **mbängö-ködörö**.

yû-ndo   *palî*
s'égarer, commettre une erreur.

yüngö-ndo   *pandôo*
égarement, erreur.

Z

za   *palî*
aider, venir en aide à.
Bâa : **zângbi**.

zângbi   *palî*
aider à plusieurs, apporter une aide multiple.
- **zângbi terê** : s'entr'aider (mutuellement).

zarä   *pasûndâ*
libre, libéré, détaché, déchaîné.
- **zarâ ködörö** : pays libre, pays libéré, pays indépendant. Bâa : **ndependäa ködörö**.

zâra   *palî*
libérer, détacher, déchaîner.

zo   *pandôo*
1. une personne humaine.
2. un individu, une entité.
- **zo tî ködörö** : Bâa : **waködörö**.
- **zo tî makoröo** : Bâa : **wamakoröo**.
- **zo tî porosö** : Bâa : **waporosö**.

zu   *pasûndâ*
tout, entièrement, complètement, tout entier, complet.
Bâa : **kûê, mobimba**.

français-sango

Tout francophone sait que les noms français sont répartis en deux groupes appelés genres : le *genre masculin* et le *genre féminin*. Les adjectifs français s'accordent avec les noms en les suivant dans leur genre, soit au masculin, soit au féminin. Ainsi, sachant que le mot *gouvernement* est un nom du genre masculin (en d'autres termes, un *nom masculin*), si je veux signifier qu'un gouvernement n'est pas ancien, il me faudra dire un *nouveau gouvernement*, car *nouveau* est la forme que cet adjectif prend au genre masculin. S'il s'agissait d'économie, j'aurais dit : *nouvelle économie*, car le mot *économie* est un nom du genre féminin (autrement dit : un *nom féminin*), et la forme que prend l'adjectif "nouveau" au féminin est *nouvelle*. Il s'ensuit que si l'on connaît le genre d'un nom, on sait du même coup quelle forme doit prendre l'adjectif pour s'accorder avec lui. C'est pourquoi, dans ce lexique, je n'indiquerai pas le genre des adjectifs, mais seulement des noms.

Les noms français changent aussi suivant le nombre des choses qu'ils désignent. Si nous voulons parler d'un seul cheval nous dirons : *cheval*. Mais en parlant de plusieurs de ces animaux nous dirons : *chevaux*. On appelle cela le *nombre*, et l'on dit que les noms français varient en genre et en nombre. Les deux catégories du nombre sont le *singulier* et le *pluriel*. Le nom prend la forme du singulier pour désigner un seul objet, et celle du pluriel pour désigner plusieurs objets. En général, la grammaire enseigne comment trouver le pluriel des noms à partir de leur singulier. Par exemple, la plupart des noms finissant en *-al* au singulier, terminent en *-aux* au pluriel. Ainsi : un *cheval*/des *chevaux*. Aussi, les dictionnaires n'indiquent-ils point le pluriel régulier des mots. Dans ce lexique également, je ne donnerai pas le pluriel des noms, sauf cas spécial nécessitant une précision particulière.

Pour terminer, il faut savoir que les locutions nominales sont aussi au masculin ou au féminin, au singulier ou au pluriel, selon le genre et le nombre du nom régisseur. C'est pourquoi je distinguerai les *locutions nominales au masculin, les *locutions nominales au féminin, et les locutions verbales. Je donnerai toutes ces catégories lexicales, dans ce lexique, en français, en me servant d'abréviations communément utilisées dans les dictionnaires français. En voici la liste :

farânzi-sängö

Zo sô kûê ahînga farânzi ahînga atene âpandôo tî yângâ-ködörö sô akângbi na molongö ûse, sô aîri nî : *linô tĭ kötĭ na *linô tĭ gatĭ. Âpasûndâ tî farânzi ayeke mângbi na âpandôo nî na müngö pekô tî âlana kötĭ wala na gatĭ. Töngasô, töngana mbĭ hînga mbĭ tene gouvernement (gövörömä) ayeke pandôo tî linô tî kötĭ (wala na ndurü îrĭ : *pandôo-kötĭ) sĭ mbĭ yê tî tene "finî gövörömä", fadë mbi lîngbi tî tene gĭ sô : nouveau gouvernement, ngbanga tî sô, nouveau lâa ayeke saterê tî pasûndâ sô na linô tî kötĭ. Âdu mbi yê fadë tî tene "finî könömĭ", kâ mbî tene : nouvelle économie. Ngbanga tî sô économie ayeke mbênî pandôo tî linô tî gatĭ (wala na ndurü îrĭ : *pandôo-gatĭ), sĭ saterê tî pa-sûndâ sô amângbi na nî laâ nouvelle. Sô afa atene : töngana zo ahînga linô tî mbênî pandôo, fadë lo hînga bîakü saterê wa sĭ âpasûndâ alî-ngbi tî mû tî mângbi na nî. Ndâ nî-mvenî sĭ na yâ tî bakarî sô, fadë mbĭ fa linô tî âpasûndâ pëpëe, me mbĭ fa tî âpandôo kûê.

Âpandôo tî farânzi ayeke gbîen ngâ alîngbi na wüngö tî yê sô âla yeke fa. Töngana ë yeke tene tënë tî mbârâtâ gĭ ôko, fadë ë îri lo che-val. Me töngana ë yê tî tene âmbârâtâ nî ayeke mîngi, fadë e îri âla chevaux. Aîri sô *sêwüngö-yê, sĭ atene : âpandôo tî farânzi agbîen a-lîngbi na yê ûse : linô na sêwüngö-yê. Aîri âmbâgë tî sêwüngö-yê ûse sô atene : *sêkûne na *sêmîngi. Mbênî pandôo âmu saterê tî sêkûne tö-ngana lo fa gĭ yê ôko sêngê; amû saterê tî sêmîngi töngana lo fa yê mîngi. Tî mîngi nî, ndiayângâ ayeke fa lêgë tî hînga na saterê tî sê-mîngi tî âpandôo nî, sô töngana zo ahînga sêkune tî âla awe. Tî fa yê da, ndiayângâ ti faranzi afa atene : mîngi tî âpandôo sô ahûnzi na -al na sêkûne nî, ayeke hûnzi na -aux na sêmîngi nî, töngana : un cheval/ des chevaux (mbârâtâ ôko/âmbârâtâ mîngi). Nda nî laâ sĭ, na yâ tî ba-karî tî farânzi, ayeke fa ka sêmîngi tî âpandôo nî pëpëe, lâkûê sô zo alîngbi tî hînga nî gĭ na ndiayângâ. Na ndo sô ngâ, fadë mbĭ fa nî pë-pëe, sô töngana mbênî tënë ndê tî tene da ayeke pëpëe.

Tî hûnzi na nî, nzönî e hînga atene : na farânzi, âpenzelö tî pa-ndôo alônzi na kötĭ wala na gatĭ, na sêkûne wala na sêmîngi, alîngbi na linô wala na sêwüngö-yê tî pandôo nî sô ayeke lipenze nî sô. Ndânî sô fadë e tene : penzelö tî pandôo-kötĭ ayeke da ndê na terê tî penze-lö tî pandôo-gatĭ, na penzelö tî palî. Fadë mbî fa âmbupa sô kûê na farânzi na yâ tî kêtê bakarî farânzi-sängö sô, me na ndurü *sû, töngana sô âzo ayeke sâra lâkûê na yâ tî âbakarî tî farânzi. Molongö tî â-ndurü sû nî lo-sô :

n.m.	nom masculin
n.f.	nom féminin
l.n.m.	locution nominale au masculin
l.n.f.	locution nominale au féminin
l.v.	locution verbale
interj.	interjection
adj.	adjectif
génér.	générique, en général
v.	verbe
Cf.	voir à :
ANT.	antonyme
SYN.	synonyme
pl.	pluriel
sg.	singulier
adv.	adverbe
litt.	littéralement

n.m.	nom masculin	pandôo-köti
n.f.	nom féminin	pandôo-gati
l.n.m.	locution nominale au masculin	penzelö tî pandôo-koti
l.n.f.	locution nominale au féminin	penzelö tî pandôo-gati
l.v.	locution verbale	penzelö tî palî
interj.	interjection	köngö
génér.	générique, en général	tî mobimba nî
v.	verbe	palî
Cf.	voir à :	Bâa :
ANT.	antonyme	Ga nî
SYN.	synonyme	Wala
pl.	pluriel	Sêmîngi nî
adj.	adjectif	pasûndâ
adv.	adverbe	mbasêlî
sg.	singulier	sêkûne nî
litt.	littéralement	na lê tî tënë nî

A

abrégé n.m.
kpênda; (oral) : nduru tënë; (é-crit) : nduru sû. SYN. abréviation.

- en abrégé : na kpendä nî; na nduru tënë; na nduru sû.

abréger v. kpênda

accalmie n.f. lipë

accord n.m. mângbi
- tomber d'accord (sur quelque chose) : mângbi (na ndö tî mbênî yê). Cf. désaccord.

adhérent (d'un parti) n.m. wakamâ, wakamâ-porosö.

adjectif qualificatif l.n.m. pasûndâ

administrateur public l.n.m. walëngö-ködörö.

administration publique l.n.f.
1. (= art d'administrer un pays) : lëngö-ködörö.
2. (= appareil administratif) : kömändëmä tî yâködörö.

administrer un pays l.v. lë ködörö.

adresse (postale) n.f. lindo, aderêsi

adverbe n.m. mbasêlî.

affaire n.f.
1. (= évènement, fait, question, problème) : kpälë.
2. (= affaire judiciaire) : afëre.

- les affaires de la nation : kpälë tî ködörö; kpälëködörö; kua tî ködörö.

âge n.m.
1. (de quelqu'un) : ngû (tî zo).
2. (sur un document d'identité) : ngû tî wanî.

agence n.f. biröo.
Cf. bureau.

aligner v. lônzi.
SYN. mettre en rang, ranger, ordonner, classer.

amendement n.m. lönzïngö-yê.

amender v. lônzi.
SYN. redresser, corriger.

année parlementaire l.n.f. ngûbâda

annexe n.f. kuba.

annotation n.f. wësë.
Cf. observation, remarque.

appariteur n.m. sânzîrî.

arrêté n.m. mbëlä.
Cf. ordonnance, décret.

assemblée n.f. bûngbi, lïngö.
- Assemblée nationale : Bâda tî Halëzo.

- Assemblée plénière : kötä lïngö.

- Assemblée restreinte : kêtê lïngö.

atelier n.m. dakusâra, dakua.

auteur (d'un écrit) n.m. wasärängö-mbëtï.

autonomie interne l.n.f. sêgbïä tî yâda.

autorité n.f. kömändëmä, ngangü.
- autorité suprême : gbïä.
- les autorités : âkömändëmä.
- les autorités administratives locales : âkömändëmä tî yâködörö.

axe central d'une embarcation l.n.m. bêngö. SYN. nef.

B

babord n.m. kamâga.

ballotage n.m. fungü vôte (litt. élection rebondissante).
- il y a ballotage entre X et Y : vôte afungu na pöpö tî X na Y. (litt. les élections ont rebondi entre X et Y).

banque n.f. labânge.

bastingage n.m. kamâ.

beurre n.m. *dubêre, matenge.*

bourse (d'étude) n.m. *gûrûsu, nginza tî likôlo.*

bulletin de vote l.n.m. *mbëtïvôte*
- bulletin blanc : *pôsâ mbëtïvôte, pôsâ gbegô.*

- bulletin nul : *kpäkë mbëtïvôte.*

- bulletin valide : *boro mbëtïvôte.*

bureau n.m.
1. (= meuble, table) : *biröo, mêzä.*
- bureau de la presse (à l'Assemblée) : *mêzä tî âwasango.*

- bureau du (représentant du) Gouvernement (à l'Assemblée) : *mêzä tî Gövörömä.*

- bureau du président de l'Assemblée nationale : *mêzä tî mokönzi tî Bâda tî Halëzo.*

- bureau du secrétariat (à l'Assemblée) : *mêzä tî kuasû.*

- bureau des votes (à l'Assemblée) : *mêzä tî vôte.*

2. (= local, agence, siège d'organisme) : *biröo.*
- bureau de vote : *biröo tî vôte.*

3. (= organe dirigeant d'un corps) : *biröo.*
- les membres du bureau : *âwabiröo.*

- le personnel du bureau de vote : *wabiröo tî vôte.*

C

cabinet n.m.
1. (de toilette) : *kabinïi.*
2. (de travail) : *kubû, kubû tî kua.*
- le cabinet du président : *kubû tî gbïä.*

- le cabinet du ministre : *kubû tî gbenyôgbïä.*

- le cabinet du secrétaire d'Etat : *kubû tî wakuasû tî Etaäa.*

- le chef de cabinet : *sêfu tî kubû.*

calendrier n.m. *mbëtïkâpä.*

calmer (se) v. *lipe.*
SYN : marquer une pause.

campagne n.f.
1. (électorale) : *mandako tî vôte.*
2. (= savane inhabitée) : *nyämä, bênyämä.*

camp d'initiation l.n.m. *bâda.*

candidat n.m. *wamandako.*
- candidat aux élections : *wamandako tî vôte, wagbügbürüngö-vôte.*

- le candidat d'un parti : *wamandako tî kamâ, wamandako tî kamâ-poro-sö.*

- un candidat indépendant : *köbö wamandako.*

capitale n.f. *köta-ködörö, tögbätä.*

caractère d'imprimerie l.n.m. *gerê-sû.*

cargot n.m. *mangbökö.*
SYN. paquebot.

carrière n.m. *sarawîsi.*
Cf. service.

carte n.f. *kârâte, mbëtï.*
- carte d'électeur : *kârâte tî wavôte.*

- carte d'identité : *kârâte tî waködörö.*

SYN. carte nationale d'identité.

catégorie n.f. *kalitêe, marä.*
- catégorie lexicale : *mbupa.*

causerie n.f. *lisoro.*

censure n.f. *lônzi-lö.*

centrafricain 1. n.m. *wabêafrîka.*
2. adj. *tî Bêafrîka.*

Centrafrique n.m./f. *Bêafrîka.*
Cf. République Centrafricaine.

centre n.m. *bê.*
- au centre : *na bênî.*

- au centre de (quelque chose) : *na bê tî (yê).*

- un parti du centre : *kamâ tî bê-ngö.*

- un homme du centre, un centriste : *wakamâ tî bêngö, wabêngö.*
Cf. droite, gauche.

circonscription n.f. *gbefâ, sêse, yângbö*.
- circonscription administrative : *yângbö, sêse (tî kömändâ)*.

- circonscription électorale : *gbefâ tî vôte*.

changement n.m. *sänzëmä, gbïënngö*.

changer v. *sanzêe, gbïen*.

chef n.m. *gbïä, mokönzi, sêfu*.
- chef de commission : *mokönzi-ngbökua, mokönzi tî ngbökua*.

- chef de l'Etat : *gbïä tî ködörö*.

- chef de service : *sêfu tî sarawîsi*.

- chef de village : *mokönzi (tî ködörö)*.

- chef de quartier : *mokönzi (tî ködörö), kapïta*.

- chef digne (honnête, intègre, vertueux, au coeur pur) : *gbïä tî nzöbê*.

- chef du gouvernement : *gbïä tî gövörömä*.

- chef indigne (méchant, malhonnête, rancunier, impitoyable, au coeur impur) : *gbïä tî sïobê*.

chef-lieu n.m. *tögbätä, kötä-ködörö*. Cf. capitale.

citoyen (= membre d'une nation) n.m. *waködörö*.

colonialisme n.m. *êrepêfu, doroko-ndo*.

colonie (= pays d'exploitation) n.m. *ködörö-ngbâa, ködörö tî êrepêfu*.

commande n.f. *komânde*.

commandement n.m. *kömändemä*.

commander v. *komandêe, komânde*.

commerce n.m. *dëngö-büzë, büzë*.

commettre une erreur l.v. *yû-ndo* SYN. se tromper.

commission n.f. *tokua*.
- commission de travail : *ngbökua*.

- commission de la condition des jeunes : *ngbökua tî dutï tî âpandara*.

- commission de la condition féminine : *ngbökua tî dutï tî âwalï*.

- commission de l'économie : *ngbökua tî lëngö-mosoro, ngbökua tî könömï*.

- commission de l'éducation nationale : *ngbökua tî bätängö-zo na fängö-yê*.

- commission de l'énergie et des mines : *ngbökua tî ngunuyê na tî mosoro tî gbesêse*.

- commission des finances : *ngbökua tî nginza*.

- commission de l'emploi : *ngbökua tî âwakusâra*.

compétition n.f. *mandako*.
- entrer en compétition : *lï mandako* (avec quelqu'un). *(na zo)*.

complot n.m. *porosö, makoröo*.
- groupe de comploteurs : *porosö, gbâ tî porosö*.

comploteur n.m. *zo tî makoröo, zo tî porosö, waporo-ö, wamakoröo*.

concurrence n.f. *mandako*.

concurrent n.m. *wamandako, sambâ*.

conduire v.
1. (un véhicule) : *gbôto, kpë na*.
2. (une affaire) : *lë (yê)*.
3. (= prendre la tête de) : *mû li tî*.
4. (= orienter, guider) : *mba*.
5. (= diriger) : *yinda*.

confiance totale l.n.f. *mäbê*. Cf. croyance, foi.
- refuser (sa) confiance à quelqu'un : *gbânzi mäbê (tî wanï) na zo*.

conseil n.m.
1. (= avis) : *wängö*.
2. (= réunion, assemblée) : *lïngö, wängö*.
- conseil à huis clos : *mïtâ wängö*.

- conseil municipal : *wängö tî gbätä*.

- conseil restreint : *kêtê wängö*.

- tenir conseil : *gbë lïngö*.

conseiller v. *wa; mû wängö na.*

conseiller n.m. *wawängö.*
- conseiller municipal : *wawängö tî gbätä.*

- conseiller technique : *wawängö tî kodëkua.*

consonne n.f. *pendämbö.*

constitution n.f. *gbegündia.*

contester v. *dë kîte.*
- contester quelqu'un : *dë kîte na zo.*

- contester quelque chose : *dë kîte tî yê.*

contrôler v. *kondêe, bâa, wese.*

contrôleur n.m. *wakônde.*

coopérant n.m. *watângbi-kua.*

coopération n.f. *tängbïngö-kua, tângbi-kua.*
- la coopération internationale : *tängbïngö-kua na âködörö-wandê, tângbi-kua tî pöpö-ködörö.*

coopérer v. *sâra kua mabôko na mabôko, tângbi kua.*
- coopérer avec quelqu'un : *tângbi kua na zo, sâra kua na zo mabôko na mabôko.*

correct adj. *zûti, boro.*

correction n.f. *lônzi-lö.*

corrigé n.m. *lônzi-lö.*

côté d'une embarcation
Cf. bastingage.

créer un ministère
Cf. ministère.

critique n.f. *käsängö-ndo.*

critiquer v. *kasä.*

croissance n.f. *mäïngö.*

croître v. *mâi.*

crosse n.f. (Linguistique) : *yangö.*
Cf. intonème.

crosse-et-perche n.f. (Linguistique): *yangö-tonga.* Cf. intonème.

croyance n.f. *mäbê.*
Cf. foi, confiance.

D

date n.f. *kâpä.*
- (sur un formulaire) date de naissance : *lâ tî düngö wanî.*

- date des élections : *kâpä tî vôte.*

- fixer la date des élections : *fa kâpä tî vôte.*

débarcadère n.m. *nyötûngu.*
Cf. embarcadère.

débat n.m. *bîngbi-lö.*

débattre de quelque chose l.v. *bîngbi lö na ndö tî yê.*

décret n.m. *mbëlä.*
Cf. arrêté, ordonnance.

décret-loi n.m. *ndia-mbëlä.*
(litt. loi-décret).

démocratie n.f. (au sens de : pouvoir régi par le peuple) : *sêgbïä tî halëzo.*

demoiselle n.f. (au sens de : jeune fille) : *masïka.* Cf. mademoiselle.

député n.m. *watokua tî halëzo,* (WH).
(litt. envoyé du peuple). Après le nom d'un député, on écrit WH.

désaccord n.m. *kângbi.*
- être en désaccord avec quelqu'un sur quelque chose : *kângbi na zo na ndö tî yê.*

désordre n.m. *wûsûwusu.*

despote sanguinaire l.n.m. *bokasa, gbïä tî sïöbê.*

destituer v. *fîngi.*

développer (se) v. *mâi.*
Cf. croître, prospérer.

devoir n.m. *kua.*
Cf. travail, fonction

- le devoir de citoyen (de quelqu'un) : *kua (tî wanî) tî waködörö.*

- le devoir national : *kua tî ködörö.*

digue n.f. *kpäkpä.*

directeur n.m. *wayindä.*
- directeur adjoint : *kötï wayindä.*

- directeur général : *köta-wayindä.*

direction n.f. *yindä.*
- direction générale : *köta-yindä.*

discourir v. *lôngbi lö.*

discours n.m. *lôngbi-lö, lisoro.*
- prononcer un discours : *lôngbi lö, dîko tënë.*

diriger un pays l.v. *lë ködörö, mba ködörö, yinda ködörö.* Cf. conduire.

division n.f. *kângbi, kängbïngö.*
- la division du travail : *kängbïngö-kua.*

droite n.f. *mbâgë tî kôlï.*
- la droite (en politique) : *kamâ tî kötï* (= parti de droite), *kamâ-kötï.*

- un homme de droite : *wakamâ-kötï, wakamâ tî kötï.* Cf. gauche, centre.

droitier n.m. *wakötï.*

E

écrire v. *sû, sâra na mbëtï, sâra mbëtï.*

écrivain n.m. *wasüngö-mbëtï, wasärängö-mbëtï.*

économie n.f. *lëngö-mosoro, könömï.*

égarement n.m. *yüngö-ndo.*

égarer v. *girisa.*

électeur n.m. *wavôte, wavôtëngö.*
- nos électeurs (= ceux sur qui nous comptons) : *âwavôte tî ë.*

- nos électeurs (= ceux qui ont voté pour nous) : *âwavôtëngö-ë.*

élection n.f. *vôte, vötëngö.*
- les élections (en général) : *vôte.*

- l'élection de X... : *vötëngö X...* (litt. le fait d'élire X...).

- l'élection du maire : *vötëngö mokönzi-gbätä, vötëngö lamêre.*

- les élections municipales : *vötëngö âwawängö tî gbätä.*

- les élections législatives : *vötëngö âwabâda, vötëngö âwatokua tî halêzo.*

- les élections présidentielles : *vötëngö gbïa (tî ködörö).*

- la période des élections : *ngoi tî vôte.*

- la période des élections présidentielles : *ngoi tî vötëngö gbïa (tî ködörö).*

- résultats des élections : *pendä tî vôte, pekô tî vôte.*

élément régisseur l.n.m. *lipenze.* (Grammaire).

élire v. *votêe.*

embarcadère n.m. *nyötûngu.*

émission n.f. (= programme de la radio-télévision) : *kuasïnga.*

empereur n.m. *tögbïä.*

empire n.m. *ködörö-tögbïä.*

énergie n.f. *ngunu, ngunuyê.*
- énergie calorifique : *ngunu tî wâ, ngunuwâ.*

- énergie chimique : *ngunumî.*

- énergie électrique : *ngunu tî kuräan, ngunukuräan.*

- énergie gazogénique : *ngunu tî mbö, ngunumbö.*

- énergie hydraulique : *ngunu tî ngû, ngunungû.*

- énergie mécanique (ou physique) : *ngunu tî masini, ngunu-masini, ngunu tî terë, ngunuterê.*

- énergie solaire : *ngunu tî lâ, ngunulâ.*

entrée n.f.
1. (général) : *lïngö*.
2. (Lexicographie) : *lipa*.
SYN. vedette.

entretien n.m. (= conversation) : *lisoro*.

entreprise de production l.n.f. *dakua, dakusâra*.

envahir v. *lakata*.

enveloppe n.f. *bozömbëtï*.

erreur n.f. *yüngö-ndo*. Cf. égarement.

étranger 1. n.m. *wandê*. 2. adj. *tî wandê*.

évènement n.m. *kpälë*. Cf. affaire.

examen n.m.
1. (scolaire) : *kizamäa, gezamäa*.
2. (= observation) : *wësë, bängö ndâ (tî yê)*.

examiner v. *wese, bâa*.

exemple n.m. *pandë, täpandë, fayêda*.
- à titre d'exemple : *tî fa yê da*.
- par exemple : *töngaso, töngana tî sô*.
- prendre exemple sur X. : *sâra töngana X.; mû X. töngana pandë nî*.

exercer v.
1. (— un pouvoir) : *lë gbïä*.
2. (— une autorité) : *komandêe, komânde*.
3. (— un mandat) : *sâra ngûkua*.
4. (— une activité, un métier) : *sâra kua, lë kua*.

exercice n.m.
1. (= leçon d'entraînement) : *kua tî manda*.
2. (= une pratique) : *lëngö-yê*.
- l'exercice du pouvoir : *lëngö-gbïä*.
3. (= un mandat) : *ngûkua*.
- l'exercice 1981-1982 : *ngûkua tî 1981-1982*.

exiger v. *komânde*.

exploiter un pays l.v. *doroko ködörö*.

exploiteur (d'un pays) n.m. *wadoroko-ndo*.

expression n.f.
1. (= mot) : *tënë, lê tî tënë*.
2. (= locution) : *penzelö*.
- expression nominale : *penzelö tî pandôo*.
- expression nominale au féminin : *penzelö tî pandôo-gatï*.
- expression nominale au masculin : *penzelö tî pandôo-kötï*.
- expression verbale : *penzelö tî palî*.

exterminer v. *honga*.

F

fauteur de troubles l.n.m. *wawûsûwusu, waporosö*.

foi n.f. *mäbê*.
Cf. croyance, confiance totale.

force n.f. *ngangü*.

fromage n.m. *kanda-ngûme*.

G

gardien n.m. *sânzîrî*.

gauche n.f. *gale, mbâgë tî wâlï, gatï*.
- la gauche (en politique) : *kamâ-gale; kamâ tî gale*.
- un homme de gauche : *wakamâ-gale, wakamâ tî gale*.
- un parti de gauche : *kamâ tî gale, kamâ-gale*.
Cf. droite, centre.

gaucher n.m. *wagale*.

gauchiste n.m. *wakamâ-gale*.

genre n.m. *linô* (Grammaire).
- genre féminin : *linô tî gatï, gatï*.
- genre masculin : *linô tî kötï, kötï*.

gens du pays l.n.f./m. *âzo tî ködörö, âwaködörö.*

gérer v. *lë.*
1. (des biens) : *lë (mosoro).*
2. (les finances) : *lë (nginza).*
3. (un pays) : *lë (ködörö).*

gestion n.f. *lëngö-yê.*
- gestion économique : *lëngö-mosoro.*
- gestion financière : *lëngö-nginza.*

gouvernement n.m. *gövörömä.*
- former un gouvernement : *tângbi gövörömä.*
- gouvernement colonialiste, gouvernement d'oppression : *gövörömä tî êrepêfu, gövöromä tî doroko-ndo.*
- gouvernement de coalition : *gövörömä tî mbûki.*
- gouvernement de majorité : *gövörömä tî kamâ-ôko.*
- gouvernement militaire : *gövörömä tî turûgu.*
- gouvernement responsable : *gövörömä tî mbîrîmbîrî.*

gouverner v. *lë gbïä.*
- gouverner un pays : 1. (pour le chef de l'état) : *lë gbïä na ndö tî ködörö.* 2. (pour le gouvernement) : *yinda ködörö.*

grammaticalité n.f. *sêndiayângâ.*

grammatical adj. *ti ndiayângâ.*

grammaire n.f. *ndiayângâ.*

grand adj. *kötä*
- être grand et costaud : *gbakama.*
- grande salle de réunion : Cf. salle.

grève n.f. *lingangü.*
- faire la grève : *sâra lingangü.*
- la grève (par cessation de travail) : *lingangü tî këngö-kua.*
- la grève de la faim : *lingangü tî nzara.*
- la grève du zèle : *lingangü tî kîro-kua.*

groupe subversif : Cf. subversion.

guerre n.f. *birä, to, tiri.*
- guerre coloniale (ou guerre impérialiste) : *birä tî doroko-ndo.*
- guerre de conquête : *birä tî kamâta-ndo.*
- guerre d'indépendance : *birä tî lipandäa.*
- guerre de libération : *birä tî zärängö-ndo.*
- guerre intestine : *birä tî yâködörö.*
- guerre révolutionnaire : *birä tî lesüä.*

H

hameau n.m. *ködörö, kêtê ködörö, nzêre ködörö.*

I

impérialisme n.m. *doroko-ndo.*

impérialiste 1. n.m. *wadoroko-ndo.*
2. adj. *tî doroko-ndo.*

indépendance n.f. *lipandäa.*

indépendant adj. *ndepandäa, köbö.*
- candidat indépendant : *köbö wamandako.*
- liste indépendante : *köbö molongö.*
- pays indépendant : *ndepandäa ködörö.*

inscrire v. *sû ïrï, sâra ïrï (tî zo) na mbëtï.*

inscrit n.m. *wagbesû.*

intonation n.f. (Linguistique) : *penzegô.*

intonème n.m. (Linguistique) : *penzegô.*
- intonème aigu, noté ? : *kete penzegô.*
- intonème descendant, noté ?! : *zùngö penzegô.*

- intonème grave, noté o! : *kötä penzegô.*

- intonème montant, noté o!? : *mëngö penzegô.*

isoloir n.m. *köbö ndo.*

J

jeu n.m. *ngîâ, wërë.* Cf. sport.

jeune n.m. *pandara, môlengê.*

jeune fille l.n.f. *masïka, masia, mosia, môlengê tî wâlï, môlengê-wâlï.*

jeune garçon l.n.m. *môlengê tî kôlï, môlengê-kôlï.*

jeunes gens (filles ou garçons) l.n.m. *âpandara.*

jeune homme célibataire l.n.m. *modô.*

jour de vote l.n.m. *lâ tî vôte.*

journal n.m.
1. (en presse écrite) : *mbëtïsango.*
2. (en radio-télévision) : *sango.* Cf. nouvelle.

journalier adj. *tî lâ ôko ôko.*

journaliste n.m. *wasango.*
1. (de la presse écrite) : *wambëtïsango.*
2. (de radio-télévision) : *wagôsïnga.*

juridiction n.f. *kömändëmä.*

(K) - L

lait n.m. *ngûme.*
- produits laitiers : *kôbe tî pendângûme.*

lettre n.f. (= signe graphique) : *gerêmbëtï.*

lieu n.m. *ndo.*
- lieu habité : *ködörö.* Cf. hameau, patelin, village, ville, pays.

lignée n.f. *halë.*

linguiste n.m. *wasêndâyângâ.*

linguistique n.f. *sêndâyângâ.*

liste n.f. *molongö.*
- liste d'un parti (= liste des candidats d'un parti) : *molongö tî kamâ.*

- liste indépendante (= liste de candidats indépendants) : *köbö molongö.*

- liste des électeurs (= registre des électeurs) : *bûku tî âwavôte.*

locuteur n.m. *watënë, watënëngö-tënë.*

locution n.f. *penzelö.* (Grammaire).
- locution nominale : *penzelö tî pandôo.*

- locution nominale au féminin : *penzelö tî pandôo-gatï.*

- locution nominale au masculin : *penzelö tî pandôo-kötï.*

- locution verbale : *penzelö tî palî.*

- tête de locution (= élément régisseur) : *lipenze.* (Grammaire).

loi n.f. *ndia, ndiâ.*

M

madame n.f. *yazo, ya, yakepaka, yapakara, yakepakara.*
- madame X... : 1. (si X = nom du mari) : *ya X., yapakara X., yakepaka X., yakepakara X.* 2. (si X = nom de la femme elle-même) : *yazo X.; X... yazo.*

mademoiselle n.f.
1. (= jeune fille) : *masïka, mosia, masia.*
2. (= femme célibataire) : *yazo.*

magistrature suprême l.n.f. *gbïä tî ködörö.* Cf. chef.

maire n.m. *lamêre, mokönzi tî gbätä, mokönzi-gbätä.*

mandat n.m. (= durée de fonction) : *ngûkua.*

manifestant n.m. *watambûla tî lingangü, walingangü.*

manifestation n.f. *tambûla tî lingangü.* (litt. marche de protestation).

manifester v.
1. (en désobéissant) : *sâra lingangü, sâra ngonzo.*
2. (en marchant dans la rue) : *gue tambûla tî lingangü; tambûla tambûla tî langangü.*

matière première l.n.f. *kukûu mosoro.*

membre (en parlant de personnes) n.m. *wa.*
- membre d'un parti politique : *wakamâ, wakamâ-porosö.*
- membre d'un bureau : *wabiröo.*
- membre du G.I.R.A. (Groupement Indépendant de Réfléxion et d'Actions politiques économiques culturelles et sociales) : *wagîra.*
- membre du parlement : *wabâda; WH.* (après le nom d'un député). Cf. député.

militant n.m. *bazïngele.*

ministère n.m. *dakpälë.*
- créer un ministère : *kîi dakpälë.*
- ministère de la culture et des arts : *dakpälë tî hïngängö-ndo na kua tî pendere yê.*
- ministère de la défense : *dakpälë tî bata ködörö.*
- ministère de la fonction publique : *dakpälë tî kua tî Etäa.*
- ministère de l'agriculture et de l'élevage : *dakpälë tî yäkä na bätängö-nyama.*
- ministère de la jeunesse et des sports : *dakpälë tî âpandara na tî werë.*
- ministère de la justice : *dakpälë tî ngbanga.*
- ministère de la marine : *dakpälë tî masûa.*
- ministère de l'aménagement du territoire : *dakpälë tî lëkëngö-lêködörö.*

- ministère de la recherche scientifique et technique : *dakpälë tî gïngö sêndâyê na kodëkua.*
- ministère de la santé et des affaires sociales : *dakpälë tî nganga na tî zängbïngö-terê.*
- ministère de l'économie : *dakpälë tî lëngö-mosoro, dakpälë tî könömï.*
- ministère de l'éducation nationale : *dakpälë tî bätängö-zo na fängö-yê.*
- ministère de l'intérieur : *dakpälë tî yâködörö.*
- ministère des affaires étrangères : *dakpälë tî âködörö-wandê.*
- ministère des eaux et forêts : *dakpälë tî âgbakô, ângonda na ângû.*
- ministère des finances et de la planification : *dakpälë tî nginza na sêndâkua.*
- ministère des mines et de l'énergie : *dakpälë tî mosoro tî gbesêse na tî ngunuyê.*
- ministère des postes et télécommunication : *dakpälë tî sïnga na tokua.*
- ministère des transports : *dakpälë tî yöngö-ndo.*
- ministère du développement : *dakpälë tî lëkëngö-ködörö.*
- ministère du développement rural : *dakpälë tî lëkëngö-bênyämä.*
- ministère du plan et de la coopération internationale : *dakpälë tî sêndâkua na tî tângbi kua na âködörö-wandê.*
- ministère du tourisme : *dakpälë tî fono.*

ministre n.m. *gbenyôgbïä.*
- ministre délégué : *kötï gbenyôgbïä.*
- ministre d'état : *gbenyôgbïä tî Etäa.*
- ministre sans portefeuille : *gbenyôgbïä sân mbätä.*
- ministre titulaire d'un portefeuille : *gbenyôgbïä wadakpälë.*

monarchie n.f. (= monarchie héréditaire) : *sêgbïä tî sëwä*.

monarque n.m. *gbïä; gbïä-sêwä*.

monopartisme n.m. *kamâ-ôko, kamâ koiko*.

monsieur n.m. *pakara, kepaka, kepakara*.

motion n.f. *piapa*.
- motion de censure : *piapa tî lônzi-lö*.
- motion d'information : *piapa tî sango*.
- motion de procédure : *piapa tî kodë*. Cf. question.

multipartisme n.m. *kamâ-kôte, kamâ ndê ndê*.

N

nationalité n.f.
1. (= pays de référence) : *ködörö*.
2. (dans un formulaire) : *waködörö tî*... (litt. citoyen de..., suivi du nom du pays).

néo-colonialisme n.m. *finî dorokondo, finî êrepêfu*.

néo-colonie n.f. *finî ködörö-ngbâa*.

nom n.m.
1. (génér.) : *ïrï*.
2. (Grammaire) : *pandôo*.
- nom féminin : *pandôo-gatï*.
- nom masculin : *pandôo-kötï*.

nombre n.m. 1. *wüngö*. 2. (Grammaire) : *sêwüngö-yê*. Cf. singulier, pluriel.

nouvelle n.f. *sango*. (A ne pas confondre avec le nom de la langue qui se dit *sängö*, avec des tons moyens).

numéro n.m. *nzorôko, nömörö, ndömörö*. (Le mot *nzorôko* est souvent utilisé pour signifier "couleur". Il est donc conseillé de préférer les emprunts *nömörö* et/ou *ndömörö* pour rendre le sens de "numéro").

O

observateur n.m.
1. (= auteur de remarques) : *wawësë*.
2. (= vigile, surveillant, veilleur) : *wawësengö-ndo*.
3. (de quelque chose) : *wawësengö-yê*.

observation n.f.
1. (= remarques) : *wësë*.
2. (= action d'observer) : *wësengö-ndo*.
3. (de qqch) : *wësengö-yê*.

observer v. *wese*.

office n.m. *biröo*. Cf. bureau.
- Office (national) de la recherche scientifique : *Biröo (tî Etäa) tî gïngö sêndâyê*.
- Office de la sécurité sociale : *Biröo tî zängbingö-terê*.

opprimer v. *honga*.

orateur n.m. *watënë, watënëngö-tënë*.

ordre du jour l.n.m. *kurukpälë*.

ordonnance n.f. *mbëlä*. Cf. décret.

ordonner v.
1. (= donner un ordre) : *komânde, hë mbëlä*.
2. (= mettre en ordre) : *leke, lêkëngbi, leke na sênî, leke na molongö, dongo, dôngôngbi*.

organigramme n.m. *sêyâgbê*.
- organigramme d'un ministère : *sêyâgbê tî dakpälë*. Cf. structure.

orienter v. (= régir) : *mba*.
Cf. conduire.

P

palais n.m. *dakötä, dagbïä*.
- palais présidentiel, palais royal : *dagbïä, da tî gbïä*.
- le Palais du Peuple : *Bâda tî Halëzo*.

- le palais des sports : *Danga tî Wërë*. Cf. pavillon.

- le palais du chef : *dakötä tî mokönzi*.

paquebot   n.m. *mangbökö*.

parlement   n.m. *bâda tî halëzo*.
Cf. assemblée.

parlementaire   n.m. *wabâda, WH*.
(Après le nom d'un parlementaire, on écrit les sigles *WH* pour : *watokua tî halëzo*, membre du parlement). Cf. député, membre.

parti politique   l.n.m.
1. *kamâ, kamâ-porosö*.
2. (depuis 1979, on utilise aussi le mot *porosö*, qui est à déconseiller). Cf. complot.

- parti au pouvoir : *kamâ tî gbïä*.

- parti d'opposition : *kamâ tî kîte*.

- parti gouvernemental : *kamâ tî gbïä*.

- parti pour l'indépendance : *kamâ tî lipandäa*.

- parti unique : *kamâ-ôko, kamâ koiko*.

partisan   n.m. *wakamâ*. Cf. membre.

pause   n.f. *lipë*.
- marquer une pause : *lipe*.

pavillon   n.m. (= maison sp.) : *danga*.
Cf. palais.

pays   n.m. *ködörö*.
- pays allié : *ködörö-mbûki*.

- pays ami : *ködörö-söngö*.

- pays ennemi : *ködörö-wato*.

- pays étranger : *ködörö-wandê*.

- pays faible : *wököngö ködörö, wowôo ködörö*.

- pays fort, pays puissant : *ngangü ködörö*.

- pays frère : *ködörö-îtä*.

- pays indépendant : *ndepandäa ködörö*.

- pays libre : *zarä ködörö*.

- pays nouvellement indépendant : *finî ndepandäa ködörö*.

- pays rivaux : *âködörö-sambâ*.

perche   n.f.
1. (de piroguier) : *tômbô*.
2. (Linguistique) : *tonga*.
Cf. intonème.

perche-et-crosse   n.f. (Linguistique) : *tonga-yangö*. Cf. intonème.

période des élections : Cf. élection.

personnalité   n.f. (= dignitaire) : *kötä zo*.

personne   n.f. *zo*.
- personne aux vertus morales élevées : *wanzöbê*.

personnel du bureau de vote :   Cf. bureau 3.

peuple   n.m. *halëzo*.

phonème   n.m. *gerêgô*.

phylum   n.m. *halë*. Cf. lignée.

plan   n.m. *sêndâkua*. Cf. programme.

planificateur   n.m. *wasêndâkua*.

planification   n.f. *sêndâkua*.
- (= action de planifier) : *döngö sêndâkua, kpöngö sêndâkua*.

planifier   v. *kpo sêndâkua, do sêndâkua, dôngbi sêndâkua*.
- planifier quelque chose : *dôngbi yê na sêndâkua; dôngbi sêndâkua tî yê*. (litt. tracer quelque chose dans un plan d'ensemble; tracer le plan d'ensemble de quelque chose).

pluriel   n.m. *sêmîngi*.
- nom pluriel : *pandôo tî sêmîngi*.
Cf. singulier, nombre.

- au pluriel : *na sêmingi (nî), tî sêmîngi (nî)*.

point d'exclamation   l.n.m. *tonga*.
Cf. perche, intonème.

point d'interrogation   l.n.m. *yangö*.
Cf. intonème, crosse.

polémique n.f. *papa*.
- polémique électorale : *papa tî vôte*.

police n.f.
1. (forces armées) : *polûsu, polîsi*.
2. (typographique) : *kalitëe tî gerêsû*.

port n.m. *nyötûngu*.

portefeuille (ministériel) n.m. *mbätä*.
- ministre sans portefeuille : *gbenyôgbïä sân mbätä*.

porte-parole n.m. *wagbegô, gbegôgbïä*.
- porte-parole du président : *gbegôgbïä, wagbegô tî gbïä*.

- porte-parole de la présidence : *wagbegô tî dagbïä*.

- porte-parole du gouvernement : *wagbegô tî gövöromä*.

poste n.m. (= poste budgétaire) : *mbätä*.

poste n.f. *datokua*.

pouvoir v. *lîngbi*.

pouvoir n.m. *kömändëmä, ngangü*.
Cf. autorité.
- pouvoir exécutif : *ngangü tî lëngö-gbïä*.

- pouvoir judiciaire : *ngangü tî fängö-ngbanga*.

- pouvoir législatif : *ngangü tî lüngöndia*.

- pouvoir suprême : *gbïä*.

préfecture n.f. *sêse tî kömändä*.
- le bureau de la préfecture : *biröo (tî kömändä-köta)*. Cf. souspréfecture.

premier ministre : Cf. ministre.

présidence n.f.
1. (= locaux) : *dagbïä*.
2. (= fonction) : *mbätä tî gbïä, mbätä tî mokönzi, kömändëmä, gbïä, mokönzi*.

- la présidence de l'Assemblée nationale : *mbätä tî mokönzi tî Bâda tî Halëzo*.

- briguer la présidence de l'Assemblée nationale : *gi mbätä tî mokönzi tî Bâda tî Halëzo*.

président n.m. *gbïä, mokönzi*.
Cf. chef.
- président de la République : *gbïä tî ködörösêse, gbïä tî ködörö*.

- président de l'Assemblée nationale : *mokönzi tî Bâda tî Halëzo*.

- président du bureau de vote : *mokönzi tî biröo tî vôte*. (S'il est aussi le responsable de l'urne comme c'est souvent le cas, on peut dire aussi : *wasandûku*, le caissier).

presse écrite l.n.f. *mbëtïsango*.
Cf. journal.

procès-verbal n.m. *töndö*.

proclamer v.
1. (= révéler publiquement) : *vula*.
2. (= diffuser) : *vunga*.
Cf. publier.
- proclamer les résultats des élections : *vula pendâ tî vôte*.

proclamation n.f. *vülängö*.
- la proclamation des résultats des élections : *vülängö pendâ tî vôte*.

produits laitiers : Cf. lait.

profession n.f. *kusâra, kua, aderêsi*.
- profession de foi : *tënë tî bê*.

programmateur n.m. *wasêndâkua*.

programme n.m.
1. (plan) : *sêndâkua*.
2. (radio-TV) : *kuasînga*.

projet n.m. *pialö*.
- projet de loi : *pialö tî ndia*.

- projet de société : *marädutî*.

promulguer une loi l.v. *vunga ndia*.

prononcer un discours l.v. Cf. discours.

prospérer v. *mâi*.

protectorat n.m. *ködörö-va*. (litt. : pays-serviteur).

publier v.
1. (= révéler publiquement) : *vula*.
2. (= diffuser systématiquement) : *vunga*.
- publier un livre : *vunga mbëtï*.

- publier les résultats des élections : *vula pendâ tî vôte*.

puissance n.f. (= pays) : *ngangüködörö*.
- une puissance étrangère : *ngangü ködörö-wandê*.

pupitre n.m. *mêzä*. Cf. bureau.
- le pupitre de l'orateur : *mêzä tî watëne̋, mêzä tî watënëngö-tëne̋*.

Q

qualificatif n.m./adj. *pasûndâ*.
- adjectif qualificatif : *pasûndâ*.

question n.f.
1. (= interrogation) : *hûnda*.
2. (= motion) : *piapa*.
3. (= affaire, problème) : *kpälë, tënë*.
- la question de confiance : *piapa tî mäbê*.

R

raison n.f. *liboro, boro li, boro tënë*.
- l'homme est doué de raison : *zo ayeke na liboro; adü zo na boro li*.

- il a raison : *lo tene boro tënë*.

- en voici la raison : *ndâ nî lo-sô*.

- raison sociale : *aderêsi, kua*.

raisonnable adj. *boro*
Cf. correct, valide.

rang n.m.
1. (= rangée) : *molongö, kuru, kâmba, wî, kpû*.
2. (= titre professionnel, grade, échelon) : *kâmba (tî kua)*.

rapport n.m. *töndö*. Cf. procès-verbal.
- rapport d'activité : *töndö tî kua*.

rapporteur n.m. *watöndö*.

recommandation n.f. *wängö*. Cf. conseil.

référendum n.m. *hündängö-halëzo*.

refuser sa confiance à quelqu'un : Cf. confiance.

régime n.m. (d'un pouvoir politique) : *sêgbïä*.

regresser peu à peu l.v. *dîrînga*.

remarque n.f. *wëse̋*. Cf. observation.

renverser V. *tûku*.
- renverser un chef, un régime : *fîngi gbïä, fîngi sêgbïä*.

représentant n.m. *lembë, watokua, wasêlê*.
- le représentant d'un parti :
a) dans un bureau de vote : *wakamâ*;
b) dans un pays étranger (représentant officiel) : *lembë tî kamâ, lembë*.

- représentant du gouvernement à l'Assemblée nationale : *watokua tî gövöröma na Bâda tî Halëzo*.

- représentant d'un pays à l'étranger : *lembë*. SYN. diplomate.

- représentant du peuple : *watokua tî halëzo*. SYN. député.

république n.f. *ködörösêse*.
- République Centrafricaine (RCA) : *Ködörösêse tî Bêafrîka (KBA)*.

- république populaire : *Ködörösêse tî halëzo*.

- république révolutionnaire : *ködörösêse tî lesüä, lesüä ködörösêse*.

résolution n.f. *kuni-bê*.
- prendre une résolution : *kuni bê*. (litt. fixer coeur).

- il a pris la résolution de chercher du travail : *lo kuni bê tî lo tî gi kusâra*.

résultat n.m. (= effet) : *pendâ*.
- résultat des élections : Cf. élection.

réunion n.f. *bûngbi, lïngö*.
Cf. assemblée
- une réunion de commission : *kêtê lïngö, bûngbi tî ngbökua*.

- tenir une réunion : *gbë lïngö, bûngbi*.

révolte n.f. *lingangü, lesüä*.

révolté n.m. *watombôka*.

révolter (se) v. *sâra lingangü, tombôka*.
- se révolter (pour un peuple) : *lesua, tiri birä tî lesüä*.

révolution n.f. *lesüä*.
- faire la révolution : *lesua, tiri birä tî lesüä*.

révolutionnaire 1. adj. *lesüä, tî lesüä*. 2. n.m. *walesüä*.

rival n.m. *sambâ, wamandako*.

rivaliser v. *lï mandako, kpë mandako, gbugburu-terê*.

rivalité n.f. *mandako*.

roi n.m. *gbïä, gbïä-sêwâ*. Cf. chef.

royaume n.m. *ködörö-gbïä*.

S

salle n.f. *yâda, da*.
- la salle du Conseil : *yâda tî Wängö; dawängö*.

- la salle de réunion : *dalïngö*.

- la grande salle de réunion : *kötä dalïngö*.

- la petite salle de réunion : *kêtê dalïngö*.

- la salle des commissions : *kêtê dalïngö, dalüngö tî ngbökua*.

sanctuaire n.m. *bâda*.

scrutin n.m. *vôte*.
- scrutin de liste : *vôte tî molongö*.

- scrutin uninominal : *vôte tî li na li*.

secrétaire n.m. *wakuasû*.
- secrétaire d'état : *wakuasû tî Etäa*.

- secrétaire adjoint : *kötï wakuasû*.

- secrétaire général : *kötä-wakuasû*.

- secrétaire général adjoint : *kötï kötä-wakuasû*.

- secrétaire général du gouvernement : *kötä-wakuasû tî gövöromä*.

- secrétaire général à la présidence : *kötä-wakuasû tî dagbïä*.

secrétariat n.m.
1. (emploi) : *kuasû*.
- il fait du secrétariat : *lo yeke sâra kuasû*.

2. (discipline) : *sêndâkuasû*.
- il étudie le secrétariat cette année : *lo yeke manda sêndâkuasû na ngû sô*.

3. (local, bureau) : *dakuasû*.
- s'adresser au secrétariat : *hûnda-ndo na dakuasû*.

- secrétariat d'état : *Dakuasû tî Etäa*.

- Secrétariat d'Etat à la Culture et aux Arts : *Dakuasû tî Etäa ngbanga tî Hïngängö-ndo na Kua tî pendere Yê*.

- Secrétariat d'Etat à la Jeunesse et aux Sports : *Dakuasû tî Etäa ngbanga tî âPandara na Werë*.

- Secrétariat d'Etat à la Recherche scientifique et technique : *Dakuasû tî Etäa ngbanga tî Gïngö Sêndâyê na Kodëkua*.

section n.f. *gbefâ, fângbi*.

sentinelle n.f. *sânzïrï*.

sérieux (= responsable, fiable) adj. *boro*. Cf. raisonnable, correct, valide.

service n.m. (dans une administration ou un organisme) : *sarawîsi*.
- le service de la nation : *kua tî ködörö*.

session n.f. (= réunion) : *lïngö, bûngbi*.
- une session parlementaire : *lïngö tî Bâda*.
- la tenue d'une session : *büngbïngö, gbëngö lïngö*.

siège n.m. *mbätä*.
- un siège au parlement : *mbätä tî wabâda, mbätä tî watokua tî halëzo*.

silence n.m. *sîrîrî*.
- silence ! : *makûu !*
- en silence : *na sîrîrî, na nzïnî*.

singulier n.m./adj. *sêkûne*.
- nom singulier : *pandôo tî sêkûne*. Cf. nombre, pluriel.

sous-chef de village l.n. *kapïta*.

sous-développement n.m. *pâsi tî mosoro*.

sous-préfecture n.f. *sêse tî kömändâ-kêtê*.

sport n.m. *wërë, lëngö-wërë*. Cf. jeu.

structure n.f. *sêyâgbê*.
- structure d'un ministère : *sêyâgbê tî dakpälë*.

structurer quelque chose l.v. *gbëngbi yâ tî yê, leke yâ tî yê agbêngbi*.

style typographique : Cf. police.

subdivision n.f. *gbefâ*.

suffrage exprimé l.n.m. *gbegô, boro mbëtïvôte*.

T

table n.f. *mêzä, tâboro, kpongbo, biröo*. Cf. bureau, tableau.

tableau n.m. *kpongbo*.
- tableau des phonèmes : *kpongbo tî âgerêgô*.

tenir conseil, une réunion, une session : Cf. conseil, réunion, session.

tenue d'une session : Cf. session.

terre n.f. *sêse*.

territoire n.m. *sêse*.
- territoire inhabité : *bênyämä, nyämä, ngonda*.
- territoire habité, territoire organisé étatiquement : *ködörö*.

terroir n.m. *ködörö*.

titre n.m.
1. (= tête de chapitre) : *litënë*.
2. (= nom d'un livre) : *ïrï (tî bûku)*.
3. (= rang professionnel) : *kâmba tî kua*.

ton n.m. (= tonème) : *sêgô*.
- ton bas : *kötä sêgô*.
- ton descendant haut-bas : *züngö sêgô*.
- ton descendant moyen-bas : *ngambe züngö sêgô*.
- ton haut : *kêtê sêgô*.
- ton montant : *mëngö sêgô*.
- ton moyen : *fö sêgô*.

tonème n.m. Cf. ton.

total 1. adj. *mobimba, kûê zu*. 2. n.m. *kundü*.
- le total des voix : *kundü tî âgbegô*.

tour n.m. *fâ*.
- le premier tour des élections : *vôte tî kôzo fânî*.
- le premier tour : *kôzo fânî*.
- le second tour : *ûse fânî*.
- les élections du deuxième tour, le deuxième tour des élections : *vôte tî ûse fânî*.

tout adj/adv/pronom. *kûê, mobimba, zu*.
- tout entier : *kûê zu, mobimba, zu*.

transformer v. *gbïen, gbïan*.

tribord n.m. *kamâkötï*.

trouble n.m. *wûsûwusu*. Cf. fauteur de troubles.

type n.m.
1. (= sorte, espèce) : *marä*.
2. (= modèle, prototype) : *pandë*.
- type de société : *marädutï*.

tyran n.m. *bokasa*.

U

uniforme n.m. *maräbongö*.

urne n.f. *sandûku tï vôte*.
- le responsable de l'urne : *wasandûku*.

usine n.f. *izïni; dakua*.

V

vacances n.f.pl. *lipë, wobê, wöngöterê*.
- les vacances parlementaires : *nzelipë tï Bâda*.

valide adj. *boro*.
- bulletin valide : *boro mbëtïvôte*.

vedette n.f. Cf. entrée (Lexicographie).

verbe n.m. (Grammaire) : *palï*.

vigilance n.f. *kpëngbä lê, hänngö lê*.

village n.m. *ködörö, nzïna ködörö, kêtê ködörö*.

ville n.f. *gbätä, ködörö*.

voix n.f. *gbegô*.

volontaire du progrès l.n.m. *wanzöbê tï yâa ködörö na ndüzü*.

vote n.m. *vôte*.
- bureau de vote : *biröo tï vôte*.

- vote bloqué (= de parti, non individuel) : *vôte tï kamâ*.

- vote individuel : *vôte tï zo ôko ôko*.

- vote secret : *vôte tï köbö ndo*. Cf. scrutin.

voter v. *votêe*.

voyelle n.f. *pendâgô*.
- voyelle nasale : *pendâgô tï sêhôn*.

- voyelle orale : *pendâgô tï sêyângâ*.

(W - X - Y - Z)

MOLONGÖ TÎ MÜNÄ NÎ

TABLE DES MATIÈRES

Achevé d'imprimer le **21** janvier 1983
sur les presses de la SELAF à Paris
5, rue de Marseille - 75010 Paris (France)